中华文化风采录

绝美自然风景

刘晓丽 编著

奔腾的江河

北方妇女儿童出版社
·长春·

图书在版编目(CIP)数据

奔腾的江河 / 刘晓丽编著. —长春 : 北方妇女
儿童出版社，2017.1（2022.8重印）
（绝美自然风景）
ISBN 978-7-5585-0826-4

Ⅰ．①奔… Ⅱ．①刘… Ⅲ．①河流－介绍－中
国 Ⅳ．①K928.42

中国版本图书馆CIP数据核字(2017)第009933号

奔腾的江河
BENTENG DE JIANGHE

出 版 人	师晓晖	
责任编辑	吴　桐	
开　　本	700mm×1000mm　1/16	
印　　张	6	
字　　数	85千字	
版　　次	2017年1月第1版	
印　　次	2022年8月第3次印刷	
印　　刷	永清县晔盛亚胶印有限公司	
出　　版	北方妇女儿童出版社	
发　　行	北方妇女儿童出版社	
地　　址	长春市福祉大路5788号	
电　　话	总编办：0431-81629600	

定　　价　36.00元

习近平总书记说："提高国家文化软实力，要努力展示中华文化独特魅力。在5000多年文明发展进程中，中华民族创造了博大精深的灿烂文化，要使中华民族最基本的文化基因与当代文化相适应、与现代社会相协调，以人们喜闻乐见、具有广泛参与性的方式推广开来，把跨越时空、超越国度、富有永恒魅力、具有当代价值的文化精神弘扬起来，把继承传统优秀文化又弘扬时代精神、立足本国又面向世界的当代中国文化创新成果传播出去。"

为此，党和政府十分重视优秀的先进的文化建设，特别是随着经济的腾飞，提出了中华文化伟大复兴的号召。当然，要实现中华文化伟大复兴，首先要站在传统文化前沿，薪火相传，一脉相承，弘扬和发展5000多年来优秀的、光明的、先进的、科学的、文明的和自豪的文化，融合古今中外一切文化精华，构建具有中国特色的现代民族文化，向世界和未来展示中华民族具有独特魅力的文化风采。

中华文化就是中华民族及其祖先所创造的、为中华民族世世代代所继承发展的、具有鲜明民族特色而内涵博大精深的优良传统文化，历史十分悠久，流传非常广泛，在世界上拥有巨大的影响力，是世界上唯一绵延不绝而从没中断的古老文化，并始终充满了生机与活力。

浩浩历史长河，熊熊文明薪火，中华文化源远流长，滚滚黄河、滔滔长江是最直接的源头，这两大文化浪涛经过千百年冲刷洗礼和不断交流、融合以及沉淀，最终形成了求同存异、兼收并蓄的辉煌灿烂的中华文明。

中华文化曾是东方文化的摇篮，也是推动整个世界始终发展的动力。早在500年前，中华文化催生了欧洲文艺复兴运动和地理大发现。在200年前，中华文化推动了欧洲启蒙运动和现代思想。中国四大发明先后传到西方，对于促进西方工业社会形成和发展曾起到了重要作用。中国文化最具博大性和包容性，所以世界各国都已经掀起中国文化热。

中华文化的力量，已经深深熔铸到我们的生命力、创造力和凝聚力中，是我们民族的基因。中华民族的精神，也已深深根植于绵延数千年的优秀文化传统之中，是我们的精神家园。但是，当我们为中华文化而自豪时，也要正视其在近代衰微的历史。相对于5000年的灿烂文化来说，这仅仅是短暂的低潮，是喷薄前的力量积聚。

中国文化博大精深，是中华各族人民5000多年来创造、传承下来的物质文明和精神文明的总和，其内容包罗万象，浩若星汉，具有很强的文化纵深感，蕴含丰富的宝藏。传承和弘扬优秀民族文化传统，保护民族文化遗产，已经受到社会各界重视。这不但对中华民族复兴大业具有深远意义，而且对人类文化多样性保护也是重要贡献。

特别是我国经过伟大的改革开放，已经开始崛起与复兴。但文化是立国之根，大国崛起最终体现在文化的繁荣发展上。特别是当今我国走大国和平崛起之路的过程，必然也是我国文化实现伟大复兴的过程。随着中国文化的软实力增强，能够有力加快我们融入世界的步伐，推动我们为人类进步做出更大贡献。

为此，在有关部门和专家指导下，我们搜集、整理了大量古今资料和最新研究成果，特别编撰了本套图书。主要包括传统建筑艺术、千秋圣殿奇观、历来古景风采、古老历史遗产、昔日瑰宝工艺、绝美自然风景、丰富民俗文化、美好生活品质、国粹书画魅力、浩瀚经典宝库等，充分显示了中华民族厚重的文化底蕴和强大的民族凝聚力，具有极强的系统性、广博性和规模性。

本套图书全景展现，包罗万象；故事讲述，语言通俗；图文并茂，形象直观；古风古雅，格调温馨，具有很强的可读性、欣赏性和知识性，能够让广大读者全面触摸和感受中国文化的内涵与魅力，增强民族自尊心和文化自豪感，并能很好地继承和弘扬中国文化，创造未来中国特色的先进民族文化，引领中华民族走向伟大复兴，在未来世界的舞台上，在中华复兴的绚丽之梦里，展现出龙飞凤舞的独特魅力。

润泽之恩——北方河流

奔腾之美——南方河流

北方河流

　　在我国北方，奔流着波澜壮阔的大江大河。黑龙江、松花江、额尔古纳河、鸭绿江、塔里木河等，绵延数千里，滔滔东逝水。它们是我们中华民族的血液，用那甘甜的乳汁哺育着一朵朵灿烂的文明之花，养育着一个个勤劳勇敢的北方民族。

　　在我国，秦岭和淮河一线以北的河流，冬季有封冻期，且越向北，结冰期越长。这些河流不仅蕴藏着丰富的自然资源，还饱含着浓厚的文化内涵。

塞北黄金水道的黑龙江

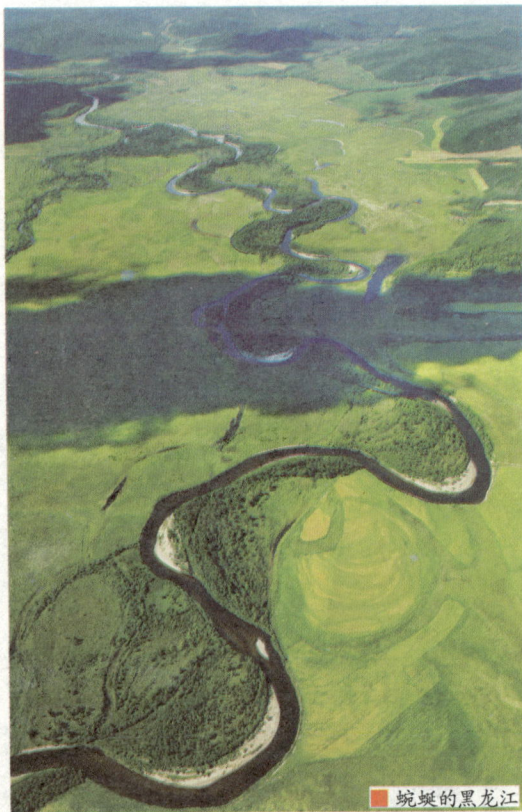

■ 蜿蜒的黑龙江

远古时期，在最北方有一条汹涌奔腾的江河，名字叫白龙江。在江边住着一户姓李的人家，男人外出捕鱼种地，女人在家织布做饭。

老李夫妻恩爱，情深似海，就是妻子总是没有身孕，二人很是着急。在婚后第十八年，李妻终于生下了一个胖小子，李老汉与妻子别提有多乐和了。

有一天，突然间狂风暴雨，方圆百里成了一片汪洋。原来，白龙江里面有一

■ 黑龙江沿岸湿地

条大白龙，大白龙每年都要兴风作浪，强迫江边的老百姓进贡食物，还必须献出几个童男童女，否则，就要掀起巨浪，让周围几十里变成一片汪洋。

　　这一年，老李好不容易得来的儿子就成了大白龙的供品，夫妻俩非常悲伤。一年后，李妻又生下一个儿子。这个儿子浑身黝黑，体大壮实，特别能吃，李妻的奶水不够，还得四处为儿寻奶吃。

　　有一天，黑小子在母亲怀中吃奶后，进入梦乡居然现出了原形，又黑又长的尾巴伸到了门槛。

　　李老汉种地回家后，开门看见一个又长又大的怪物趴在妻子的怀中，便拿起腰刀一挥，小黑龙的二尺龙尾便被砍掉了，疼痛难忍的小黑龙便飞上了天。

　　原来，李老汉的黑小子是一条黑龙投生的，具有正义精神的黑龙在天上看见大白龙危害人间，就决定投生到人间，除掉罪孽深重的大白龙。

进贡　我国古代帝王朝与周边少数民族、附属、附庸国之间的贸易形式，各地方政权或民族带来本地区的土特产等进献给皇帝，以谋求政治上的依托与援助，并获得物质利益。在历史演进的过程中逐步形成了贡品文化，包括制度、礼仪、生产技艺、传承方式、民间传说故事等。贡品文化是集物质和非物质文化于一体的我国特有的文化遗产。

湍急的黑龙江江面

他看到李老汉夫妻俩还没有儿子，就投生到了李老汉家。

小黑龙不小心现出了原形，被父亲伤害了，但他不怪罪父亲，因为父亲不知道原因。据说，他若再吃上九九八十一天母乳，就将力大无穷，并所向无敌。由于他没有吃上多少奶，又受了伤，他的功力就小多了，但是，小黑龙为民除害的决心没有改变。他悄悄回到人间，钻进白龙江里，希望慢慢长大后再除掉大白龙。

大白龙哪里容得下小黑龙，只要见到小黑龙就咬。由于小黑龙年纪小，功力不够，又被李老汉砍掉了尾巴，总是斗不过大白龙。但是，当地的人们对大白龙恨之入骨，都盼着小黑龙能够打败大白龙。怎奈小黑龙怎么也打不过大白龙，简直是无计可施。

有一天，观音菩萨路过此地，教给当地人们一个方法。过了不久，大白龙又要危害百姓了。小黑龙全力阻止，与大白龙战斗起来。但是，小黑龙由于体力不支，只好浮出水面休息。

人们就拿出许多馒头、包子、牛羊、鸡鸭给小黑龙吃。李老汉为了激励儿子，更是挥刀砍断左臂，拿盆接血给小黑龙喝。小黑龙吃饱喝足后，精神百倍，斗志昂扬。

大白龙见人们送饭、送肉给小黑龙吃，他也想抢着吃。但是，江两岸人山人海，只要他一露出头，人们就一起向他抛白灰、扔石头。最后，大白龙的眼睛烧得睁不开，肚子也烧得受不了，浑身被砸得疼痛难忍，只好向天上逃跑。

这时，以逸待劳的小黑龙飞向天空，向大白龙发起猛烈攻击。小黑龙与大白龙在天空中激战，地面上人们给小黑龙助威加油，声音响彻云霄。

小黑龙与大白龙打得天昏地暗，从早到晚，一直没有停止。人们无一散去，都盼望着小黑龙胜利。

观音菩萨也来助阵，只见她手握的拂尘一甩，大白龙就像断了线的风筝，一头扎在了地面上。人们蜂拥而上，举起石头，砸向大白龙，片刻间就将大白龙砸成了肉酱。

从此，小黑龙受到了人们的拥戴，一直维护着江

菩萨 菩萨的地位仅次于佛，是协助佛传播佛法、救度众生的神仙。菩萨在古印度佛教中为男子形象，流传到我国后，随着菩萨信仰的深入人心及其对世人而言所具有的深切的人情味，便逐渐转为温柔慈祥的女性形象。佛教雕塑中，菩萨多以古代印度和中国的贵族的服饰装扮，显得格外华丽而优雅。

润泽之恩

北方河流

■ 黑龙江风光

边的安宁，使得人们世世代代享受风调雨顺和安居乐业。从此，人们便把白龙江改名叫"黑龙江"了。

"黑龙江"的满语叫"萨哈连乌拉"，其中"萨哈连"意为"黑"，"乌拉"意为"水"。蒙古语则称为"哈拉穆连"，鄂温克语叫"卡拉穆尔"，都为"黑水""黑河""黑江"之意。

黑龙江的历史源远流长，早在旧石器时期，当地就有人类活动了。据我国古代文献记载，黑龙江流域古代民族与中原地区的联系，可以追溯到传说时代的虞舜和夏禹时期。在那时，黑龙江流域便分布着肃慎、濊貊和东胡三大族系的先民。

在公元前20世纪，肃慎族于帝舜二十五年曾入朝贡献弓矢，并献上了戎菽、黄黑等东西。在战国、秦代、汉代时期，黑龙江流域的扶余族，建立了政权，地跨黑龙江的南部，并使用殷历，其祭天、占卜和饮酒等习惯，均与殷商相似。

秦末，中原出现战乱，扶余贵族乘机扩大势力，前身为肃慎的挹娄族被迫臣属扶余，直到3世纪初，挹娄最终摆脱了扶余人的控制。

虞舜 我国传说中父系氏族社会后期部落联盟领袖。生于姚地，今河南濮阳，以地取姓氏为姚。姚姓族人是黄帝、舜的后裔。舜帝是中华民族的共同始祖。他不仅是中华道德的创始人之一，而且是华夏文明的重要奠基人。

占卜 指用龟壳、铜钱、竹签、纸牌或星象等手段和征兆来推断未来的吉凶祸福的手法。

■ 初冬的黑龙江

■ 晚霞中的黑龙江

在曹魏时期，挹娄族遣使向曹魏政权贡献楛矢，建立了直接的臣属关系，曹魏政权便将其划归辽东郡管辖。这是黑龙江地区继春秋肃慎族以后，第一次与中原王朝直接来往，并从此保持融洽的臣属关系。后来挹娄族臣服于西晋，与西晋王朝保持着友好往来。

在5世纪后，挹娄易名为勿吉，在隋唐时期又易名为靺鞨。唐王朝在黑龙江西部设置室韦都督府，在东部设置忽汗州都督府，后又称渤海都督府。在黑龙江下游和乌苏里江汇合地区设置黑水都督府。

698年，粟末靺鞨建国，后来名为"渤海国"。932年，靺鞨族当中的黑水靺鞨转附于正在崛起的契丹，并以契丹人对他们的称呼"女真"为新号。

后来，辽国国主耶律阿保机势力壮大起来，在黑龙江上中游地区设羽厥里节度使、室韦节度使和乌古迪烈统军司，在黑龙江东部地区设女真节度使，在牡

扶余族 又写作"扶馀"，又称"凫臾"，俗意为野鸭子，即"洛鸟"。扶余族人以野鸭为图腾，生活在后来的吉林长春地区。扶余族是一个历史悠久的民族，一度建立了地方政权。

丹江以北至黑龙江下游一带设五国部节度使。

1125年,金代替辽,统一了我国北方。渤海人逐渐与女真人融合。内地汉族也大批移民到黑龙江地区,主要在松花江以南五常等地,促进了当地农业的大发展。

1409年,明朝在黑龙江口设奴尔干都指挥使司。明朝后期,起源于黑龙江流域的建州女真族在努尔哈赤领导下,南下建立后金政权,他的儿子皇太极继位后,改称女真族为满洲族。

1644年,清朝入关,东北地区归盛京总管统辖。顺治年间设宁古塔昂邦章京,辖区包括吉林、黑龙江地区。康熙年间筑黑龙江城,后设黑龙江将军,这是以黑龙江命名的地方区划之始。

在清代初年,爱国边塞诗人吴兆骞被流放到黑龙江,此时正值沙俄匪徒不断侵扰黑龙江流域。

■ 黑龙江江面

汹涌的黑龙江

吴兆骞受巴海将军邀请参与宁古塔将军官署文书工作，他几次随军出征抗击俄国，写下了歌颂黑龙江流域英勇军民的优秀诗篇，其中《奉送巴大将军东征逻察》就描写了巴海远征罗刹的情形：

乌孙种人侵盗边，临潢通夜惊风烟。
安都都护按剑怒，麾兵直度龙庭前。
牙前大校五当户，吏土星陈列严鼓。
军声欲扫昆弥兵，战气遥开野人部。
卷芦叶脆吹长歌，周踵弓矢声相摩。
万骑晨腾响戈戟，千帐夜移喧紫驼。
驼帐连延亘东极，海气冥濛际天白。
龙江水黑云半昏，马岭雪黄暑犹积。
苍茫大碛旌旗行，属国壶浆夹马迎。
料知寇马鸟兽散，何须转斗催连营。

宁古塔 清代东北边疆地区的重镇，是清代宁古塔将军的治所和驻地，是清政府设在沈阳以北统辖黑龙江、吉林广大地区的军事、政治和经济中心。地名由来：传说有兄弟6人，占据此地，满语称"六"为"宁古"，称"个"为"塔"，故名"宁古塔"。

黑龙江源头

奔腾的江河

　　黑龙江两岸住着满、朝鲜、回、蒙古、达斡尔、锡伯、鄂伦春、赫哲、鄂温克、柯尔克孜等10多个民族。在历史上，这些世居的先民们对促进整个中华民族的融合和发展做出了特殊贡献，也留下了各自不同的习俗和民族特性。

　　黑龙江在我国境内全长3420千米，与长江、黄河并称为我国三大水系，是黄河水量的5倍，也是世界十大河流之一。

　　黑龙江主干流的北源为石勒喀河，发源于蒙古国北部的肯特山东麓。南源为额尔古纳河，源出我国大兴安岭西侧的吉勒老奇山，南、北两源在黑龙江的漠河西部汇合后，始称黑龙江。

　　黑龙江自发源地至黑河为上游，从黑河至乌苏里江口为中游，乌苏里江口至太平洋入海口为下游。

　　漠河以上的上游河段，流经大兴安岭余脉与阿马札尔岭松树遮蔽的山坡之间的山谷，因大兴安岭逼近江岸，河面比较狭窄，两岸陡峻，多悬崖，河床坡降较大，滩多流急。

　　漠河至爱辉段河水较深，河谷逐渐开阔，江面宽达200米以上，有些河段还出现分汊现象。爱辉以下的中游段，河道迅速展宽，在松花江入口附近，江面宽达1500~2000米。

抚远以东江面宽4000米，沿岸地势低平，河床坡度很小，水流蜿蜒曲折，江中洲滩甚多。下游在低矮的、河水漫溢的两岸间奔流，进入一片浩茫的沼泽地，水道将地面切割开来，上面点缀着湖泊和水塘。河床多分支，水道变得很宽，形如长形湖泊。

黑龙江江宽水深，水流平稳，给航运带来许多有利条件。小汽船可直达漠河，上源额尔古纳河也可通航木船。但是，由于封冻期长，一年内一般只有半年可以通航。河面封冻后冰层很厚，江面上可以行驶车辆和雪橇。因此，黑龙江就成为了一条"水陆两用"的运输线。

漠河位于我国最北端，夏至时节，白昼最长可达19个小时，又被称作"不夜城"。这里一边依傍滚滚黑龙江，一边倚靠连绵大山，一年四季游人络绎不绝，尤其是每年夏至前后，在神奇的"白昼"之夜就会目睹到流金溢彩、神奇瑰丽的北极光景象。

黑龙江呼玛江段峰奇滩险、风景秀丽，人称"黑龙江上小三

漠河段的黑龙江

012

奔腾的江河

■ 黑龙江呼玛县

峡"。这里可以沿江观赏异国情调，饱览北国风光，领略鄂伦春民族的生活情趣。

呼玛县白银纳民族乡是鄂伦春民族聚居的地方，凡逢年过节、定居庆典、乔迁新居等，鄂伦春男女老幼便欢聚一堂，举办篝火晚会，分享猎获来的野味，饮酒欢歌，跳起别具特色的民族歌舞，通宵达旦。

黑龙江上的呼玛河是著名的"冷水垂钓"好去处，这里生机勃勃，美丽清新。两岸树木成林，绿意盎然，河中盛产各种冷水鱼，还有哲罗鱼、大马哈鱼等。每年这里都会有很多人特意前来垂钓，人们认为能够钓起一条哲罗鱼，将是一件人生喜事。

呼玛河的风景秀丽，安静自然，宛如豪迈的北国风情中的一缕别样的柔情。

位于呼玛中部的金山林场的储木场在江上流放木排的情景很是壮观。木排上的把头又称"看水的"，掌管棹，棹相当于船桨，起舵的作用。

放排是否平安，取决于掌棹人的手艺。一般的木排有100多米长，30多米宽，排上能装200多立方米的木材。一个排上放排的人要有七八个，排上有锅灶和窝棚，能在上面做饭和睡觉。

一般来说，放排是昼行夜宿的，就是说每天晚上要找一个地方"停排"，第二天早晨再"开排"。有时，木排打着旋儿，顺着风势，向下冲着，显得非常惊险，场面令人惊叹。

尹家大炕在黑龙江上游460千米处，狭窄的江面在这里突然变宽，一路奔腾而来的江水一下子安静了下来，宽阔的江面水平如镜，江底平得像一铺大炕，水位低时，经常有船舶在这里搁浅，被船员们戏称为"上炕了"，尹家大炕也就因此而得名。

再往下游70千米处，有一段长两三千米的峭壁，随着弯曲的江道，呈弧形状直立出水面，就像是一座从水中拔起的巨大的回音壁，这便是过往船员们津津乐道的"冒烟山"。

这里白天经常在山壁间冒出缕缕白烟，烟大时还会弥漫到周围村子里来。有时还会出来一团团火球，有时还有如同火山岩浆般的通红石流流入江中。

由于雨水冲刷的滑坡，这里形成了沿江5000米长、呈弧状型的山体横断面，色彩各异，与江水相映，极为壮观。清康熙年间诗人与画家方式济在《龙沙纪略》中写道：

> 察哈彦峰在黑龙江东北隅，山形如剖壁……土色黄赤……深黑火光出带间，四时腾炽不艳，大雨则烟煤入雨气中。巡边春舟过其下，续长竿取火为戏。

所以，我国在察哈彦的地理位置上标了个火山的记号。但也有人认为是山的横断面有煤岩层，遇氧后冒起白烟的。后来燃烧的面积很大，很远就可以看见烟雾缭绕，夜间时，火团顺着峭壁滚落到江中，火团在半空中散开，似流星坠落，似礼花绽放，堪称黑龙江上的一大奇观。

后来"冒烟山"上自燃的面积越来越小了，但仍然可以看到山顶上、夹缝中冒出的缕缕青烟，如同常年不断的香火，保佑着航行的船舶一路顺畅。

■ 黑龙江帽儿山风光

■ 冒烟山景区火山弹

当下航船舶航行到356千米时，迎面有一座石山挡住去路，石山一直伸到江中心，船员们称其为"迎门碰子"，江水在这里来了个急转弯，浩浩荡荡的江水打着旋涡冲向石碰子，水流湍急，流向多变，此时如果航船操控不当，很有可能被急流摔到岩石上。

迎门碰子是黑龙江上最险的一段，俗话说："迎门碰子鬼门关，十艘穿过九艘翻。"这里汹涌的激流和重重的旋涡，能够让人感受到什么境界才叫心惊肉跳，什么时候才会高声尖叫。

在这里，只见迎门碰子以整座山峰之躯迎面矗立于江水之中，自上游而来的滔滔江水，汹涌且愤怒地直面冲向山体，然而迎门碰子坚如磐石，岿然不动，受阻后的江水只得委屈地急转直下，从迎门碰子的身侧流过，这时江水变得更加湍急，从而形成了重重的旋涡，令人望而生畏。

润泽之恩
北方河流

《龙沙纪略》 清朝康熙年间方式济编撰。内容包括方隅、山川、经制、时令、风俗、饮食、贡赋、物产、屋宇九门。以笔记体裁，记清初黑龙江地区的发展情况。

香火 指供奉神佛或祖先时点燃的香和灯火。古时候香火也指后辈烧香燃火祭祖，故断了香火就指无子嗣。古时有一说，不孝有三，无后为大，即没有后代传承香火是最大的不孝。

自上游而来的大小江船，沿着航道、顺着水流都会直奔迎门碰子快速撞去，这时候就需在距迎门碰子几十米处急速转向，才能绕过迎门碰子安全通过。这样的险境，这样的险情，全凭驾驶者冷静的头脑、娴熟的技艺、丰富的经验和准确的判断来化险为夷、渡过险关。

在233千米处，有一座山像一条巨龙沿江伏卧，龙头伸到江中，这就叫"龙头山"，传说这里就是小黑龙与大白龙战斗的地方。

接着就是被当地人称为"八十里大湾子"的江湾，这是一处狭长的半岛，岛的直线距离也就是三至五千米，而船舶在这里却要绕行40多千米，要绕一个巨大的"S"形弯子，致使直线距离只有几千米路程，乘船则需要绕行40千米，故得此名。

许多船队航行到这里时，长时间工作在船上的船员们都要在这儿下船，沾沾泥土地，再徒步翻过一座山梁等着绕行的船舶，以这种特有的方式，尽情地休闲一下。江湾也有"天下第一湾"的美誉。

龙骨山位于嘉荫县城西，山呈丘陵状，山体靠江边一侧十分陡峭，有裸露出来的黄土和褐色、白色的风化土石。在龙骨山脚向上三四米处立有一块龙骨山标志碑，十分醒目，沿山体上攀，似登悬崖峭壁，令人心怵。

据说在嘉荫龙骨山埋藏有上百具完整的白垩纪晚期鸭嘴龙、霸王龙、似鸟龙等恐龙化石骨架，其化石是研究白垩纪晚期恐龙繁衍和灭绝的珍贵资料。嘉荫龙骨山是我国首次发现恐龙化石的地方，恐龙化石堪称无价国宝。

在黑龙江中游南岸支流库尔滨河上，有著名的逊克大平台雾凇风景区，每年的11月下旬至第二年的3月，只要不刮风下雪，每天都有雾凇。到时，遍山皆雪，漫天皆白。大自然用雾做原料，用风当笔，把天地万物绘成了一个晶莹剔透的世界。

在阳光的照耀下，一切仿若琉璃初成，冰清玉洁中流转光华。有

黑龙江第一湾

018
奔腾的江河

■ 黑龙江第一湾

的似雪莲盛开，有的似白菊含苞，有的似一棵棵巨大的白珊瑚，殿阁披上了柔软的轻纱，大地铺展开洁白的毡毯。

雾凇是其学名，我国是世界上记载雾凇最早的国家。千百年来，古人对雾凇有许多称呼和赞美。古书《春秋》称之为"树稼"，1500年前的文献《字林》里第一次出现"雾凇"一词，解释为：

寒气结冰如珠见日光乃消，齐鲁谓之雾凇。

黑龙江天然形成的九曲十八弯，景致更为壮观。特别是在每年6月至9月的100多天里，早晨3~9时登上高处俯视黑龙江，只见江畔层峦叠翠、江上云雾缭绕，其形状变幻无穷，或山，或峰，或汹涌的潮水，或万马奔腾，令人如临仙境，心旷神怡。

黑龙江上景点繁多，景色迷人，除了著名的迎门碰子、冒烟山、龙骨山等，还有象鼻山、七女峰等景观。那石门崖、龙头崖、鬼见愁等，壁立千仞，如同各种猛兽的形态，而"观音壁""佛祖崖""阎王鼻子"等，更是鬼斧神工，令人叹为观止。

黑土地是大自然给予黑龙江流域得天独厚的宝藏，这里土壤好、肥力高，非常适合植物生长，夏季"雨热同季"的气候优势，可促使一年生作物迅速生长，是我国大豆、水稻、玉米、小麦等主要粮食作物的主产区，也是棉花等经济作物的重要种植区。

黑龙江流域山岭耸立，平原较集中，森林茂盛，植被一般良好。河流众多，土地肥沃，生物种类繁多。由于这里平均气温一般比同纬度其他地区低5℃~8℃，寒冷气候适于耐寒力很强的红松和落叶松等珍贵树种生存，流域内有野生植物达2100余种。属国家珍稀保护树种的有黄菠萝、红松、樟子松、兴凯湖松、东北红豆杉、水曲柳、蒙古栎、核桃楸、钻天柳、山槐10种。主要乔木用材树种有红松、落叶松、冷杉、云杉、山杨、白桦、紫椴、康椴等。

除了树种外，黑龙江野生经济植物蕴藏量也较大，有十分广泛的用途，很有开发利用的价值。药用植物主要有人参、灵芝、北五味子、龙胆、升麻、防风等。野菜、野果类植物主要有蕨菜、薇菜、松茸、元蘑、榆黄蘑、山葡萄、狗枣、猕猴桃、山梨、樱桃等。蜜源植物主要有椴树、山梨、山楂等，在花期是良好的蜜源。

黑龙江流域非常适于耐寒的珍贵皮毛动物和脂肪丰富的鱼类繁衍生息，有包括鲟鳇鱼、大马哈鱼等在内的约30种具有较高的商业价值的鱼类。

黑龙江的一大特点是，大量鱼类在海中发育，以避免遭受夏季河中出现的水位急遽变化的损害，然后洄游到黑龙江生长。

黑龙江流域连绵的山地和广阔的沼泽地，是动植物的资源宝库。天鹅、丹顶鹤、东北虎、东北豹、麝等珍稀动物在这里栖息，其中属国家一级重点保护的种类有紫貂、貂熊、豹、虎、梅花鹿等。

鸟类分布约占全国鸟类总数的29%，其中属于国家一级重点保护的有丹顶鹤、中华秋沙鸭、白鹳、金雕等。

阅读链接

传说大白龙是大禹治水时逃到东北的，它盘踞在江中，自称白龙江，为害百姓，人们只好搬离了，只有从山东到东北的一些伐木工人和船夫们，在沿江搭着窝棚临时居住下来了。

有一年夏天，在山东胶州湾有家姓李的兄妹，妹妹到海边去洗衣裳，中午在海滩睡觉后就怀孕了，后来就生下了一条小黑龙。

哥哥出门回来后大怒，就用刀砍断了小黑龙的尾巴，小黑龙负伤跑到了白龙江。在当地伐木工人和船工的帮助下，小黑龙长大后打败了大白龙，使得当地人们安居乐业。从此，人们便把白龙江取名叫黑龙江了。

黑土地上的母亲河松花江

　　传说在很久以前，黑龙江地区依山傍水，林木茂盛，那时的兴安岭和长白山紧紧相连，纵横交错的江河湖泊直通大海。其中有一个长满莲花的大湖，叫莲花湖，不论冬夏，湖面上总是铺满各色荷花，姹紫嫣红，一年四季常开不谢。

松花江太阳岛

奔腾的江河

在荷叶底下，成群结队的鱼和蛤蜊游来游去，每个蛤蜊壳里，都含着一颗溜光锃亮的夜明珠。在星光灿烂的夜晚，天上地下，瑞气千条，霞光万道，整个大湖，简直跟"聚宝盆"一样。

在这块宝地上，不知何时，闯进一条白翅白鳞的恶龙，起初它在湖底不声不响，慢慢地越来越放肆，动不动就翻江倒海，常常把澄碧的湖水搅得底朝天。最后，荷花谢了，鱼没了，蛤蜊也闭了嘴，夜明珠也不再闪了。一湖清水从此变成了臭烘烘的死水。

有时，白龙"炸翅"，立时洪水翻滚，天昏地暗，方圆几百里的良田就变为了一片泽国。白龙为非作歹，惹怒了东海龙王。龙王就派黑翅黑鳞的黑龙去降服白龙。第一次作战，黑龙一路呼风唤雨，电闪雷鸣，还抖动捆龙锁吓白龙。

白龙知道来了劲敌，就吃饱喝足躲在暗处。黑龙在莲花湖上叫阵了半天也没看见白龙的踪迹。等黑龙累了，白龙猛地蹿出水面，轻松地就把黑龙打退了。

第二次，黑龙顺着江底悄悄而来，可无论它游到哪里，都会把水染得漆黑，白龙很快就察觉了，这次黑龙又是大败而归。黑龙总结失败原因，明白必须首先隐藏好自己，才有

■ 航拍松花江

■ 松花江畔

可能突袭获胜。

第二年夏天，松树开花，洁白一片。有的花落在水面上，把江河湖泊都盖住了。黑龙受到启发，于是它去长白山和兴安岭，找山神借来山上全部的松树花，然后把松树花洒满大江大湖，把江面罩得白茫茫的。

黑龙有了松树花的掩护，就打败了白龙。一败涂地的白龙一头扎进五大连池，从此不敢出来了。可是松树却再也不开花了。为了纪念松树花做出的贡献，人们就把黑龙游过的这条江叫作松花江。

松花江在女真语中为"阿速古川水"，满语为"松阿里乌拉"，鄂温克语为"松嘎里毕拉"。松花江在古代是东北流至鞑靼海峡的最大河流，后来改为黑龙江的支流，也是黑龙江在我国境内最大的支流。

松花江历史悠久，在东晋至南北朝时，上游称速末水，下游称难水；在隋、唐时期，上游称粟末水，

东海龙王 我国古代民间传说中，说他的名字叫敖广。龙是我国古代神话的灵兽之一，住在江河湖海里。在我国，认为东方为尊位，因此东海龙王排在四海龙王的第一位。

五大连池 有14座新老时期的火山，喷发年代跨越200多万年，被誉为"天然火山博物馆"和"打开的火山教科书"。这里山秀、水幽、泉奇、石怪、洞异，被誉为一颗璀璨的明珠。

■ 松花江景色

册封 古代，皇帝以勋封爵号授给异姓王、宗族、后妃等，都经过一种仪式，在受封者面前，宣读授给封爵位号的册文，连同印玺一齐授给被封人，称为册封。册封制度早在殷商时就已产生。

下游称那河；在辽代时，上下游均称混同江、鸭子河；在金代时，上游称宋瓦江，下游称混同江；在元代时，上、下游统称为宋瓦江，在明朝宣德年间更名为松花江。

698年，粟末靺鞨首领大祚荣在松花江支流奥娄河（后来的牡丹江上游）附近，建立了震国。

时隔不久，大祚荣即接受唐朝的领导，不仅成为大唐帝国册封体制下的一个地方民族政权，而且是唐朝体系下的一个地方羁縻州府，并始终履行包括朝贡、朝觐、贺正、质侍在内的各项义务，与唐王朝之间在政治、经济和文化等各个方面，保持着频繁和密切的交往。

大祚荣因此受封为渤海郡王，此后，他的辖区即以渤海为号。唐朝著名诗人温庭筠《送渤海王子归国》，记载了这段大唐和靺鞨友好往来的历史：

疆理虽重海，车书本一家。
盛勋归旧国，佳句在中华。
定界分秋涨，开帆到曙霞。
九门风月好，回首是天涯。

历史走过几百年后，辽国皇帝耶律阿保机兴起，于926年灭亡了渤海国，改渤海国为东丹国，任长子耶律倍为东丹国王。从982年开始，辽国直辖东丹。

1112年春天，辽国天祚帝耶律延禧到松花江畔春州巡游，举行松花江凿冰取鱼的头鱼宴。在宴会上，他命令当地女真各部酋长都来朝见，并在宴席上依次跳舞，为他饮酒助兴。

众酋长虽然都很反感这种带侮辱性的做法，但十分畏惧辽国，只好忍辱服从。在座的人当中，只有年轻的完颜阿骨打一个人公然拒绝跳舞。

后来，完颜阿骨打在松花江畔建筑城堡，修理武器，训练人马，逐步统一了女真各部，最终取代了辽国，成为了金国的开国皇帝。

金国是第一个用路府州县建制，将东北统一起来的王朝，为后来我国东北版图的建立奠定了基础。

头鱼宴 是我国古代民间风俗的一种，盛行于辽代。辽历代皇帝春天外出游猎捕获第一条鱼后，均要举办盛大的宴会。后来吉林松辽一带仍有此流传风俗。

羁縻 "羁縻政策"是自秦朝建立郡县制起到宋、元交替时期前，中央王朝管理少数民族的一种地方政策。通过这种政策，处理中央与地方少数民族的关系，以维系中央集权制度。

润泽之恩

北方河流

■ 晨雾中的松花江

金国最早的都城建在阿什河左岸。阿什河是松花江干流南岸的支流，唐代称"安车骨水"，金国称"按出虎水"，明朝称"金水河"，清初称"阿勒楚喀河"，后来改称"阿什河"。

到了清代，松花江的政治经济贡献越来越重要，清王朝一方面对松花江流域实行了200余年的森林封禁，使该地区面积巨大的森林保存完好；另一方面又适度放开招垦政策，招徕流民，劝农开垦。

1682年，29岁的康熙帝率领文武大臣出关东巡，来到松花江，写下了一首赞美松花江的《松花江放船歌》：

松花江，江水清，夜来雨过春涛生，浪花叠锦绣彀明。

采帆画鹢随风轻，萧韶小奏中流鸣，苍岩翠壁两岸横。

浮云耀日何晶晶？乘流直下蛟龙惊，连樯接舰屯江城。

貔貅健甲皆锐精，旌旄映水翻朱缨，我来问俗非观兵。

松花江，江水清，浩浩瀚瀚冲波行，云霞万里开澄泓。

■ 朝霞中的松花江

松花江畔的渔船

松花江每年通航期约200天，到了冬季，气候严寒，有时会降至零下三四十度，结冰期长达5个多月。冬季河流封冻，但江面冰厚，可通行汽车、牵引机，交通非常便利。

千百年来，即便是在江水被冰封后，渔民们也会在松花江面上钻孔捕鱼。因为冬季捕鱼易于保存运输，而且冬天的鱼格外肥美，所以这一古老的冬捕方式一直延续着，千年不变。

每年4月中下旬，东北大地冰雪消融，万物复苏。松花江等江河的冰层也逐渐地融化解体，形成了一块块大小不一、形态各异的冰块。冰块在水流的作用下浩浩荡荡，顺江而下，这就是著名的松花江"跑冰排"。

松花江的"跑冰排"按颜色分为上、下两层，浮在水上面部分洁白如雪，水下面部分是透明的，晶莹剔透，像是春节冻的冰灯。冰排的形状各异，有三角形的，有梯形的，更多是不规则多边形的，大小也不相同，最大的有几间房子那么大呢！

冰灯是松花江流域一种特有的民间艺术，每当千里冰封的季节，

■ 哈尔滨冰灯

亭是我国传统建筑，多建于路旁，供行人休息、乘凉或观景用。亭一般为开敞性结构，没有围墙，顶部可分为六角、八角、圆形等多种形状。亭子在我国园林的意境中起到很重要的作用。亭的历史十分悠久，但古代最早的亭并不是供观赏用的建筑，而是用于防御的堡垒。

家家户户的屋檐下，便会悬挂起一盏盏别出心裁的自制冰灯。所谓冰灯，是真正用冰制成像玻璃一样的灯罩，可以在里面点上烛火。

根据东北文献记载，早在清代已有冰灯制作，初期的冰灯，不过是当地贫穷人家过年过节时张挂的一种简陋装饰，开水冻的冰灯是透明的，凉水冻出来的冰灯是白颜色的，其后才逐渐发展成为造型复杂、多姿多彩的冰雕艺术品。

冬季的松花江结冰厚达 1 米多，将冰凿下来，重新砌合在一起，可以雕刻成楼台亭榭、银桥古刹，也可以雕刻成古今人物、飞禽走兽和花鸟虫鱼等。雕塑物生动逼真、栩栩如生。白天看上去晶莹剔透，夜晚则熠熠生辉，更加可爱。

松花江水系发达，支流众多，流域面积大于1000平方千米的河流有86条。松花江由头道江、二道江、辉发河、饮马河、嫩江、牡丹江等大小数十条河流汇合而成，主要有南、北两源头。

流域内包括嫩江、第二松花江和松花江干流，其中，嫩江和第二松花江在三岔河汇合，干流从这里到同江市注入黑龙江，形成了一个完美的"人"字。

南部源头是松花江的正源，发源于东北屋脊长白山主峰的天池，松花江中上游河谷狭窄，水量大，落差大，水力资源丰富。

松花江北部源头即嫩江，是松花江最大支流。嫩江发源于大兴安岭支脉伊勒呼里山中段南侧，源头称南瓮河，与二根河汇合后称嫩江，自北向南流至三岔河。

南、北两源头在三岔河镇汇合以后始称东流松花江。东流松花江自三岔河附近向东北方向奔流，江面开阔、平缓、水深。沿途又接纳了呼兰河、汤旺河、拉林河、牡丹江等许多支流。它穿过小兴安岭南端谷地，在同江附近注入黑龙江。

由于它穿行小兴安岭山谷，夏季山地多雨，洪水暴发，流水呈淡黄色，具有明显的山区河流性质。它注入黑龙江后，形成南黄北黑的

长白山天池

水色，人们把这一河段称为"混同江"。

松花江流域的一大特点是湖泊沼泡较多，大小湖泊共有600多个，如镜泊湖、月亮泡、向海泡和连环湖等。

松花江、图们江、鸭绿江的三江之源都是著名的长白山天池，位于长白山主峰火山锥体的顶部，是我国最大的火山口湖。

天池四周奇峰林立，湖水深幽清澈，像一块瑰丽的碧玉镶嵌在群山环绕之中，集瀑布、温泉、峡谷、地下森林、火山熔岩林、高山大花园、地下河、原始森林、云雾、冰雪等景观为一体。

镜泊湖是我国最大、世界第二大高山堰塞湖，由百里长湖、火山口原始森林、渤海国上京龙泉府遗址三部分景区组成，以湖光山色为主，兼有火山口地下原始森林、地下熔岩隧道等地质，及唐代渤海国遗址为代表的历史人文景观。

向海泡是一片湿地，湖泊水域，碧水长天，泡泽相连，怀拥着万顷香蒲芦苇，芦花蒲絮飘然轻扬。连绵起伏的沙丘上生长着千姿百态的黄榆，一簇簇、一片片，如伞如盖，如织如麻。

连环湖是松嫩平原上一个大型浅水湖泊，湖区范围内的陆地地势低平。乌裕尔河和双阳河尾闾的河水到了这片低洼的土地，便滞留成

■ 吉林松花江雾凇岛

为一组大型湖泊群，由18个湖泊联合组成。这些湖泊之间以芦苇荡与岛屿相分离，高水位时水域相通，形成连环湿地。

松花江上的雾凇岛，以雾凇多而得名。这里的地势较吉林市区低，又有江水环抱。冷热空气在这里相交，冬季里几乎天天有树挂。岛上的曾通屯是欣赏雾凇最好的地方，曾有"赏雾凇，到曾通"之说。

四季如画的太阳岛位于松花江北岸，以其美丽而独特的自然生态环境，享誉大江南北，声名鹊起，成为誉满国内外的风景名胜区。

"太阳岛"名字的由来，有专家考证，早在满族在此渔猎，松花江盛产的鳊花鱼，满语中称其为"太宜安"，"扁长"之意，读音与汉语中的"太阳"相似，加上"岛"字就成了"太阳岛"。

狗岛是松花江泛洪区自然形成的梭形岛，为河漫滩湿地。据考证，元代时期，这里曾经设立过驿站，

■ 镜泊湖风景

《辽东志》 全书9卷。明代左佥都御史任洛巡抚辽东时，撰成此书。此志实兼载全辽之地，创修于明正统八年。1537重修刻本，清初有传本。

龙泉府 渤海国都城上京的辖区治所与政权机构，治所在龙州，辖境大约在后来黑龙江牡丹江、宁安一带。龙泉府基本上照唐都长安城模式营建，面积约为长安的五分之一。上京是渤海国五京之一，因位置偏北，故称上京。

据《辽东志》记载：

> 狗站，每站设驿卒20户，狗200只，狗车若干辆……夏月乘船，小可承载。冬月乘爬犁，乘二三人行冰上，以狗驾拽，疾如马。

狗岛由此而得名。后来的狗岛片片草甸，层层叠叠，黄绿相间，形成了岛中有水、水中有岛、枯水成池的景象，曲路环水，江岛相连，水泡内的水生植被、苔草、塔头是这里得天独厚的景观。

松峰山景区内群峰耸立，形状各异，均因其形而得名，如主峰像一个高插云天的大烟筒，其名就叫烟筒峰；有的支峰像乳房，其名就叫双乳峰；有的像张嘴怒吼的大狮子，其名就叫狮张嘴峰。群峰之上古松参天，松涛阵阵，人们便称其为松峰山。

在石景峰下有遗存的两座庙宇：一为海云观，一为藏经楼，据说建于清朝嘉庆年间，留有拜斗台、石井、山泉井、围棋盘、石宝、老道观等遗迹。

海云观依山而建，背靠陡崖，右边石阶通往拜斗台。拜斗台是道

■霞光中的松花江

士们参星拜斗的地方。左侧攀峭壁可达围棋盘，巨石上面刻有棋盘。

在南坡半山腰处有一天然石洞，洞上刻有"太虚洞"三字，洞内有若干石碑。其中金代承安四年的石碑碑文铭记了清山教祖在此修建海云观庙宇的事迹。

松花江如一条绿色飘带横贯东北黑土地，虽然它是黑龙江的支流，却在经济和社会意义上远远超过了黑龙江，她就像黑土地充满乳汁的母亲一样，滋养着两岸儿女，因此称之为东北黑土地的母亲河。

阅读链接

月亮泡原名运粮泊。那是在辽金时代，当年金兀术率兵南下，与南宋军在中原对峙，月亮泡便成为金兀术向南方运粮草的交通要道，运粮泊由此而得名。

据说金兀术有一次黑夜运粮，船迷失了方向，于是兵士们就齐声高呼："月亮、月亮啊，你快出来吧！救救我们，我们永远忘不了您呀！"

说也奇怪，天空忽然云开雾散，水面上风平浪静，不仅露出了月亮，而且格外明亮。有了这一转机，粮船顺利抵达了彼岸。为了纪念这次运粮的胜利，感谢月亮的恩赐，从此便把运粮泊改为月亮泡，而且这个故事一直流传着。

镶着金边的额尔古纳河

在远古时期，蒙古族部落与突厥部落发生了激烈战争。由于蒙古部落势单力孤，被突厥部落打败了，蒙古部落仅两男两女幸存了下来，他们逃到了额尔古纳河畔的额尔古涅昆山中隐居了起来。

内蒙古额尔古纳河

后来，他们的子孙繁衍兴盛，分为了许多支系，狭小的山谷不能容纳这么多人了，于是他们就迁至宽阔的草原上居住。

其中一个部落的首领名叫孛儿帖赤那，意为苍狼，他的妻子名叫豁埃马阑勒，意为"白鹿"，他们率领本部落的人迁到斡难河源头不儿罕山定居了下来。

这一传说充分反映了蒙古先人从额尔古纳河西迁的重要史实，并非单纯的民间传说，他们迁移的时间应是在唐代末期。

苍狼与白鹿是蒙古族的远古图腾，而额尔古纳河苍狼与白鹿的神话传说，恰恰反映了蒙古先民的图腾观念。因此，额尔古纳河是蒙古族的母亲河，是蒙古族的发祥地。

额尔古纳河是黑龙江的正源，在五代后晋时官修的史籍《旧唐书》中称"望建河"。望建河是通古斯语，即鄂温克语的音译，意为"鄂温克江"。

额尔古纳河在历史典籍《蒙古秘史》中称为额尔古涅河，在史书《元史》中称为也里古纳河，在史书《明史》中称为阿鲁那么连，自清代开始称为额尔古纳河。

在额尔古纳河的滋润下，养育了蒙古族的先祖。据史书记载，蒙古族属于东胡系，是由室韦部落的一支发展而来的。大约在 7 世纪以前，韦氏部落居住在

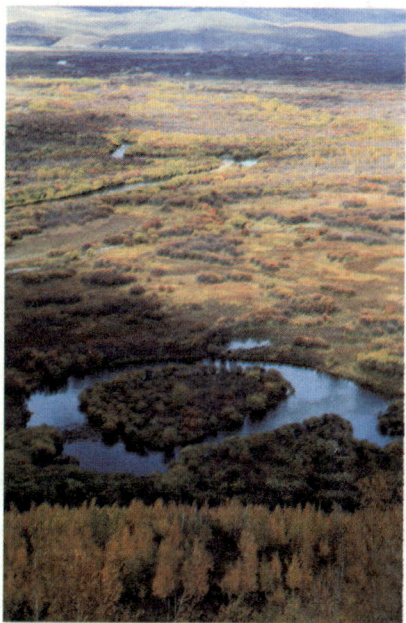

■ 内蒙古额尔古纳湿地风光

图腾 是原始人群体的亲属、祖先、保护神的标志和象征，是人类历史上最早的一种文化现象。运用图腾解释神话、古典记载及民俗民风，往往可获得举一反三之功。图腾就是原始人相信某种动物或自然物同民族有血缘关系，因而用来做本民族的徽号或标志。

额尔古纳河一带，在我国唐代史籍中称为"蒙瓦"，史书《辽史》中称为"萌古"。

到了9世纪至11世纪，蒙古族西迁到鄂嫩河上游不儿罕山，即大肯特山和克鲁伦河一带，形成了尼鲁温蒙古和迭儿列斤蒙古两大分支。

后来，尼鲁温蒙古的部落之一孛儿只斤部，出了一位大英雄铁木真，他最终完成了统一蒙古各部的事业，于1206年建立了强大的蒙古汗国，他被拥戴为大汗，这就是成吉思汗。

从额尔古纳河岸密林中走出来的强悍民族通过长期战争，先后并西辽、亡西夏、灭金朝，于1279年实现了大统一，建立了大元王朝。

成吉思汗建立蒙古汗国之前，额尔古纳河地区一直是迭儿列斤蒙古弘吉剌部的游牧地。历史上弘吉剌部是蒙古声名显赫的贵族部落，也是一个盛产美女的部落。

成吉思汗的母亲、妻子、儿媳、孙媳等都出自这一部落，事实上，成吉思汗的嫡系子孙代代都与弘吉剌部落联姻。1237年，成吉思

蜿蜒的额尔古纳河

■ 胭脂沟景区

汗的继承人窝阔台汗专门为此下旨：弘吉剌氏"生女为后，生男尚公主，世世不绝"。

成吉思汗的弟弟拙赤·哈撒尔被分封在额尔古纳河，后来在额尔古纳河畔黑山头，还留有哈撒尔王府的遗迹。

黑山头哈撒尔王府遗址分为内城和外城，城墙均为土筑。其城址坐北朝南，气势宏伟，有东、西两座小门，城外亦有壕。整个建筑呈"干"字状，址内花岗岩圆形柱础排列有序，址内琉璃瓦、青砖、龙纹瓦当和绿釉覆盆残片俯拾皆是。

在黑山头附近的根河河道中，有一座隆起的小山，称小孤山。山顶有一烽火台遗址，据说当年哈撒尔为了从军事上确保城堡的安全，曾在小孤山顶上设置瞭望哨，派士兵日夜轮流瞭望。

小孤山下河水深不见底。传说水下有洞，里面藏

瓦当 俗称瓦头。是屋檐最前端的一片瓦，瓦面上带有花纹垂挂圆型的挡片。瓦当的图案设计优美，字体行云流水，极富变化，有云头纹、几何形纹、饕餮纹、又字纹、动物纹等等，为精致的艺术品。我国最早的瓦当集中发现于陕西扶风岐山周原遗址。

着成吉思汗的财宝。这个传说从侧面反映了额尔古纳河是个蕴藏着丰富宝藏的好地方。

很多梦想发财的人不远千里寻找额尔古纳河一条仅14千米长的小支流，这条小河名叫"老金沟"，又称"胭脂沟"，这里以盛产黄金而闻名于世。

胭脂沟的发现已有100多年历史了，这里的沙土已被筛淘过几十遍，仍可以淘到黄金，可见黄金储量之丰富。

据说，1877年，一位鄂伦春老人在此葬马掘穴，发现许多金苗，他在老沟河底捞起一把河沙，河沙中金沫几乎占了一半。这一消息很快传开，经过鉴定，其中含纯金87.5%、白银7.9%、其他杂质4.6%。

由于金矿被盗采严重，黑龙江将军多次上奏朝廷要求自行开采，直到1887年，清政府才接受了建议，并指令北洋大臣李鸿章督办，调吉林候补知府李金镛

■ 夏季的额尔古纳河

主持办理漠河金厂。

李金镛经过实地考察后，于1888年正式上山开矿，创办漠河金厂，仅在1889年，清政府从这里获得黄金就达2万两，1895年获5万多两。由于李金镛清正廉洁，不辞辛苦，苦心经营，老金沟的黄金开采达到了鼎盛时期。据不完全统计，胭脂沟1908年产黄金达27万余两。

1890年，李金镛病故，李鸿章奏请光绪皇帝恩准，在漠河上道盘（就是后来的金沟林场所在地附近），为李金镛建祠堂一座，祠堂内有木雕像一尊。

额尔古纳河的上游海拉尔河源自牙克石并入呼伦贝尔，流至阿巴该图山附近，始称额尔古纳河，流到洛古河后，始称黑龙江。

额尔古纳河上、下游流域地形差异很大，阿巴该图山至黑山头为草原丘陵区，地势平坦，河谷开阔，多湖泊沼泽，水流分散，杂草、柳条丛生。自右岸根河、得尔布干河、哈乌尔河流入后水量大增。

自粗鲁海图至吉拉林河段河谷变得狭窄，河中沙洲和岛屿较多，河水变深。自吉拉林以下，河水进入峡谷，河谷更窄，两岸山地陡

■ 樟子松

峭，河床稳定，水流平稳，河面宽广，是良好的航道，而且水能资源丰富。

额尔古纳河沿途汇集了海拉尔河、根河等1800多条大小河流，因此，沿岸地区水草丰美，土地肥沃，森林茂密，鱼类品种很多，动植物资源丰富，宜农宜牧，是人类理想的天堂。由于鱼类繁多，资源丰富，额尔古纳河被誉为镶金边的界河。

额尔古纳河上游海拉尔附近的西山，是我国唯一以樟子松为主体的国家级森林公园。森林公园总面积1.4万公顷，水面积约1333公顷。

西山公园有天然樟子松4600余棵，其中百年以上的古松有1000多棵，最高的树龄达到500年。樟子松又称海拉尔松，属于欧洲赤松的一个变种，是我国北方珍贵的针叶树种，是亚寒带特有的一种常绿乔木，有"绿色皇后"的美誉。

沿着额尔古纳河，在牙克石东北180千米、大兴安岭主脊东坡下，有一片乌尔旗汉原始森林。这里古木参天，遮天蔽日，松涛阵阵，鸟鸣声声，小草生翠，野花吐香。

额尔古纳河附近的莫尔道嘎山峦起伏，古木参天，植被丰富，溪流密布，处处展现幽、野、秀、新的风采，以林海、松风、蓝天、白云的夏季风光，和冰峰、雪岭、严寒、雾凇的冬季风韵而著称。

在莫尔道嘎12千米处，有一片占地1900多公顷的偃松林，其偃松面积之大、密度之高在林区实属罕见。

登上莫尔道嘎16千米处的山巅，极目远眺，大兴安岭的深邃与辽阔尽收眼底，九重山一览无余，"一目九岭"因此而得名。

在此处观山，但见山连山、岭接岭，山外有山、岭外有岭。阳光下山形多样，层次分明，九重山岭山岚浮绕，如丝如絮。

莫尔道嘎30千米处的熊谷，山高谷深，森林茂密，溪流奔涌，野果繁生，是野生动物的天然栖息地，时有棕熊、野猪出没而得名。

每到冬季，这里白雪皑皑，天地间冰清玉洁，浑然一色。山林雾气凝重，满山遍野，雾凇悬挂，营造出人力而不能的童话世界，是观赏兴安雾凇的少有去处。

龙岩山位于莫尔道嘎镇中东侧，海拔1000米，东西长约35千米，西坡横田一条长200余米的龙形巨岩，龙头高耸，威武峥嵘；龙身苍劲，铁骨铜甲；龙尾挺峭，深藏山中，龙岩山因此而得名。

龙岩山

乞贝尔茨河

　　莫尔道嘎著名的水域景点"九曲松风"处于激流河上，又称乞贝尔茨河，是北部原始林区水面最宽、弯道最多、落差最大的原始森林河。它发源于大兴安岭西北麓，全长480千米，河网呈树枝状，水流量充沛。

　　汇河口位于扎兰屯浩饶乡西南，有绰尔河、托欣河两河在此处相汇，形成了巨大水面，两河相汇后，犹如巨龙在山脚下咆哮东流，当地称作汇河口。

　　汇河口两岸山岩高耸入云，如擎天玉柱直插苍穹。抬眼远眺，不禁使人心旷神怡，胸襟开朗。汇河口风光四季景色不同，情态迥异，各有巧工难描之妙。天然景色，有观赏不尽之美。

阅读链接

　　蒙古部落从额尔古纳河向西迁徙之初，大概因为北岸被敌对部落所盘踞，所以选择额尔古纳河南岸的路线西迁。他们把初冬的枯水期作为迁徙时间，沿安格林河而上，翻过莫尔道嘎河谷与得尔布尔河谷之间的分水岭，进入得尔布尔河谷。

　　这时候，已经进入夏秋季节，得尔布尔河谷林木繁密，没有人烟，迁徙的队伍找不到前进的道路，于是烧山开路。林火熔化了裸露在地表的铅锌矿脉，给蒙古族留下了特别深刻的记忆，因此，蒙古族史有一段"烧山化铁"的故事。

永远奔腾不息的鸭绿江

据说在很久很久以前，天上有几个仙女，她们从小住在天宫里，每天看到的全是珍珠玉石的亭台楼阁、金银铺就的道路，虽然金碧辉煌，但终究缺乏生气。

这一天，她们来到关东长白山的天池，看到四周奇峰林立，水面明亮如镜，波澜不惊，如同仙境瑶池。几个仙女被这奇妙的风光迷住了，其中一个说："姐妹们，咱们下去洗澡吧！"

其他仙女说："好。"

于是仙女们脱了衣裳，跳进天池，互相泼水嬉戏，玩了个痛快。玩累以后，她们才开始慢慢洗头发，洗身体，浸泡在

鸭绿江景区

《新唐书》 北宋时期宋祁、欧阳修等人编撰的一部记载唐朝历史的纪传体断代史书，"二十四史"之一。该书在体例上第一次写出了《兵志》《选举志》，系统论述了唐代的府兵等军事制度和科举制度。这是我国正史体裁史书的一大开创，为以后的《宋史》等所沿袭。

■ 鸭绿江畔丹东风光

池水中，欣赏着眼前的水色山光……

不知不觉中，太阳落到西山，天色变得昏暗，仙女们想起该回天庭了，便急忙跳上岸穿衣裳。这时大家才发觉所有衣裙全被水溅湿了。她们把一件件衣裙拿起来用力地抖，那些衣裙全变成鸭绿色了，抖下的水也成了鸭绿色，并顺着山谷往下流淌，水流汇聚在一起，逐渐变成了一条江。

这条江因为水的颜色好似雄性野鸭头颈的颜色，于是人们就叫它鸭绿江。后来纪传体断代史书《新唐书》记载说：

有马訾水出靺鞨之白山，色若鸭头，号鸭渌水。

鸭绿江名称的来源还有另外几种说法：一种是上游地区有鸭江和绿江两条支流汇入，故合而为一，称

■ 鸭绿江的日出

为"鸭绿江"。

另外一种是鸭绿江为满语的音译，即鸭绿乌拉的读音，在满语中是"土地的边端，疆界的分野"之意，即为"边界之江"。

还有一种说法认为："鸭绿"为这条河流中生长着一种被称为"鸭绿"的鱼。这种鱼现在鸭绿江上游的长白镇到临江一段仍有生长，其满语的读音为"雅罗"鱼，江是因鱼而得名。

鸭绿江，古名马訾水、浿水，到了后汉、三国、晋代，有过奄利水、淹水、施淹水、淹滞水等称谓。晋武帝曾经此临流观赏，因水流湍急，如箭离弦，改名为"箭川江"，后来又改"箭"为"剑"。隋炀帝年间，鸭绿江的名字开始出现。

唐初，唐太宗李世民路过鸭绿江，一度将鸭绿江改称"洗袍河"。后来，唐代大将程名振进军高句丽，史书再次提到鸭绿江，从这个时候起，鸭绿江的

晋武帝（236－290年），即司马炎，字安世，河内温（今河南温县）人，晋朝开国君主，266年至290年在位。他于280年统一全国，建国后采取一系列经济措施以发展生产，颁行户调制，包括占田制、户调制和品官占田荫客制。全国呈现一片繁荣景象，史称"太康之治"。

鸭绿江沿岸湿地

名称正式确定下来，再未做大的更改。

其实，"鸭绿"一词为古阿尔泰语，"匆忙的、快速的"之意，形容水流湍急状态。满族语称为雅鲁乌拉、鸭绿乌拉，音意混译为雅鲁河、鸭绿河，或雅鲁江、鸭绿江。

鸭绿江的得名还有可能来自沃沮、勿吉、粟末靺鞨人的南迁，他们过去居住在乌苏里江和黑龙江中下游地区，进而又用自己的族称重新为浿水命名为鸭绿江。

人们又把这些居住在湍急的河水岸边的族群称之为雅鲁河人，或者他们自称为雅鲁氏。而随着迁徙，他们把"雅鲁""鸭绿"这两个词语带到了他们生活的地区。

鸭绿江流域人类活动史可追溯到50万年前。但直至3000年前，仍处于部落时代。

辽金时期至明朝末年，曾有大批的女真人部族沿江居住，史称"鸭绿江部"，为明末建州女真长白山三部之一，1591年，被努尔哈赤兼并，成为清朝八旗中的主要力量。

明太祖朱元璋收复元朝统辖的辽东地区时，为了这条界河专门写了一首诗《鸭绿江》：

鸭绿江清界古风，强无诈息乐时雄。
逋逃不纳千年课，礼仪威修百世功。
汉代可稽明载册，辽征须考照遗踪。
情怀造到天心处，永世无波戍不攻。

鸭绿江发源于长白山主峰的长白山天池，然后流向西南，流经我国吉林、辽宁，在辽宁丹东东港附近注入黄海北部的西朝鲜湾。鸭绿江全长795千米，在我国境内流域面积约为3.25万平方千米，入海口是我国大陆海岸线的最北端。

气势恢宏的鸭绿江大峡谷在长白山南麓距天池30多千米的原始森林中，中间有中朝界河鸭绿江流过。两侧悬崖绝壁如削，中间奇峰异石林立，两边谷壁的巨大石峰、石柱、石笋、石墙，如古堡耸立、石笋破土。两壁火山岩和火山碎屑，经数百年的风雨剥蚀，形成千姿百态的图案，向人间展示鸭绿江大峡谷的壮丽奇观。

■ 冬季的鸭绿江

鸭绿江上游40千米处的云峰湖两岸高山耸立，怪石嶙峋，古木参天，树种繁多；峡谷深邃，云雾缭绕，使人如入仙境，如置画中。逆流而上，山势雄伟险峻，峰峦秀丽多姿，云雾变幻莫测，飞流叹为观止；泛舟湖上，极目远眺，水色天光，烟波浩渺，如梦如幻。

金银峡位于鸭绿江畔中上游，这里江阔水稳，山清水秀，峰险岭奇，大自然的鬼斧神工把这里的景色装扮得绚丽多彩。

这里不仅有着良好的自然生态环境，而且人文景观也独具特色，是一个无山不美、无水不秀、无景不奇的旅游胜地。金银峡旅游区山涧清幽秀丽，溪水妩媚多姿，怪石耸立。法荫寺古刹钟声悠扬，疑处梦境。

在鸭绿江的中游，有处一面傍山、三面环水的老虎哨，鸭绿江绕老虎哨东、南、西面流过，形成纺锤形山脉，隔江是朝鲜渭源郡。两岸时而奇峰怪石、沟壑纵横，时而河滩漫漫、绿洲映照，九曲回旋的鸭绿江在这里形成独特的自然景观。

东北地区第一大淡水湖水丰湖就在鸭绿江边。远看两岸青山叠翠，古树参天，水线以下尽是刀削岩壁、沙石堆砌的天成奇观，湖面浩渺壮阔，山水相映，秀峰叠翠，花树倒影，怪石嶙峋。碧绿如蓝的江水上，群群野鸭在欢快地凫水嬉戏，翱翔的鹭鸟在如黛远山的背景下，融入了一色江天的深邃空阔中。

■ 鸭绿江日落

■ 虎山长城景区

　　沿拉古哨乘船下行，有两座山头似一对雄狮，中间夹一圆形绿色山包，远远望去，恰似"双狮戏翠球"，这就是鸭绿江上一景——太平湾。

　　这里山清水秀，鸟语花香，东侧是鸭绿江，西侧是鹭鸣湖。每逢初春，鹭鸣湖畔满山盛开的杜鹃花好似彩霞飞落，夏末，数千白鹭栖落在江岸，好似雪铺山林，极为壮观。

　　虎山地势险要，是历史上的军事要地，当年山上的烽火台、山前的江沿炮台堡遗址依然存在。附近还有汉代的西安平县遗址、明代的九连城遗址。

　　始建于1469年的虎山长城距今已有500多年的历史，后来专家证明是明代万里长城东端起点。虎山除了长城外，还有叮咚作响的"金水泉"奏响了虎山一曲天然之歌。

　　泉水常年咕噜噜地冒泡，清澈甘甜的溪水上下翻

拉古哨 鸭绿江中游的水丰湖，就是现在著名的水丰发电站，电站大坝修在拉古哨口，因此人们都叫它拉古哨大坝。这里两山雄崎相对，气势壮观。没建电站之前，水深流急，波涛汹涌，是鸭绿江流入黄海的咽喉，也是航行险峻的哨口。

腾，一年四季冬温夏凉；"神仙瀑"的水位落差高达40千米，景色壮观，在神仙瀑的映衬下，虎山显得更有灵性。

青山沟被称为"神仙住过的地方"。碧绿的浑江宛若两条龙须盘绕奇峰异石，缓缓流入鸭绿江，山峦间大小瀑布36条，其中"飞云瀑"落差81米，居东北之首。

在鸭绿江与浑江交汇处的绿江景区：下临大江，览碧水滔滔；上倚峭壁，成挟持之势。天然门户俨然雄关，小青沟峡仄谷深，洞幽石奇，两岸连山，静如太古。这里有辽代瓦窑遗址。这里生产的柱参被称为人参之王。

鸭绿江沿线湿地物种资源比较丰富，高等植物有64科289种，其中野大豆为国家重点保护野生植物。

鸟类包括：世界濒危鸟类黑嘴鸥和斑背大苇莺，国家一级保护鸟类丹顶鹤、白枕鹤、白鹤、白鹳等8种，国家二级保护鸟类大天鹅、白额雁等29种。为东北亚重要的鸟类栖息的迁徙停歇地。

奔腾的江河

阅读链接

柱参全称石柱子参，产于鸭绿江畔丹东宽甸振江石柱村，其上品可与山参媲美，不仅外形酷似野山参，而且药用价值也近似。外行人难以辨认，就连内行人也常常看走眼。

相传在明朝万历年间，有山东七翁到辽东鸭绿江畔的深山老林里挖野山参，发现了大量的生长年久、品质顶级的野山参。他们将成品野山参带走，把幼参与参籽就地栽种，旁边立了一个石柱，栽了一棵榆树，作为标记。

此后人们便不断到这里采参，并安家落户，逐渐摸索出一套独有的栽培方式，发展成最接近野山参的独有人参品种，这就是柱参，也称石柱参。

后来老榆树树干与石柱已紧密融合为一体，成为柱参悠久历史的见证。

南方河流

　　我国南方的雅鲁藏布江、怒江、澜沧江、金沙江、大渡河、岷江、嘉陵江、乌江、湘江、珠江等，大多发源于地势的三级阶梯边缘隆起的山脉地带，这是由我国西高东低的地势特点所决定的。这些河流流域面积不大，源短流急，水量丰富，河水较清，含沙量低，经冬不冻。

　　这些滔滔河流，载浮载沉，一路滋润、一路养育，然后涌进大海。它们冲开了天地玄黄、宇宙洪荒，冲出了文明的新时代，是我们中华儿女的生命之源、文明之源。

最高的大河雅鲁藏布江

传说在西部阿里的神山冈仁波钦雪山有4个儿女，分别是马泉河、狮泉河、象泉河和孔雀河。有一天，母亲把4个儿女叫到身边，让他们到世界各地去见见世面，增长知识。

4个儿女最后决定分4路出发，到达印度洋后，再乘着白色的彩云回家，一家人团聚。

■ 云雾中的雅鲁藏布江

雅鲁藏布江风光

　　小女儿孔雀河向南行进；三儿子象泉河向北进发；二儿子狮泉河往西奔走；而大儿子马泉河，要去太阳升起的地方，所以它一直朝东走了。

　　马泉河绕过了九百九十座雪山，穿过了九百九十条峡谷，当他来到工布地区时，一只美丽的小鹬子落在它身旁。

　　马泉河问："朋友，请问你是从哪里来的？"

　　"我是从遥远的印度洋来的。"

　　马泉河一听，连忙又问："请问你看没看见我的兄弟狮泉河和象泉河，还有我的妹妹孔雀河？"

　　小鹬其实没有到过印度洋，也没有见到过马泉河的兄弟，但它说了谎话："它们都早到了印度洋了。"

　　马泉河大哥一听，想都没想就掉头南奔。为早日与弟弟妹妹相会，哪里地势陡峭险峻，他就从哪里跳下，最终形成了这条深嵌在千山万谷中的雅鲁藏布江，以及举世闻名的雅鲁藏布大峡谷。

　　雅鲁藏布江被藏族视为"摇篮"和"母亲河"，古代藏文称之央

奔腾的江河

恰布藏布，意为"从最高顶峰上流下来的水"。其孕育出的远古文化源远流长，其中新石器时代文化以林芝、墨脱为代表。

林芝古称工布。新石器时代晚期，雅鲁藏布江流域形成了许多部落。其中最有名的是冈底斯山脚下的象雄部落、藏北草原的苏毗部落、藏东尼洋河谷的工布部落以及山南的雅隆部落等。

传说雅隆河谷悉补野部落由于缺少一个强有力的领袖人物，经常受到周边部落的欺负和掠夺。一天，牧人们正在泽当城南边的赞塘原野上放牧，忽然看见一个身材魁梧、容貌俊秀的男子，从附近的拉日山上走下来。

牧人们问他是从什么地方来的，这个人用手指了指天上。牧人听不懂他的话，以为是天神下到人间，便一起跪下来请求他担任雅隆部落的首领。

■ 雅鲁藏布江上游

■ 雅鲁藏布江风光

接着，牧人们抬着他来到扎西次日山上，用石头修起一座城堡，请他在里面居住，还请他统帅整个雅隆部落。这位首领被称为聂赤赞普，意思是"用肩膀抬来的雄壮男子"。

他就是雅隆部落的第一任首领。他居住的城堡名叫雍布拉康，是西藏高原上第一座城堡。

从聂赤赞普开始，雅隆部落的七代首领，合称"天赤七王"。他们的寿命都不是很长。雅隆部落第八位首领名叫直贡赞普。他性情暴烈，武艺高强，勇猛好斗，经常率领部队和周边的部落打仗。不打仗的时候，他就找自己的臣民比武决斗，臣民们没有一个敢应战。

有一次，他强迫一名叫洛昂达孜的马倌和自己决斗，结果被洛昂达孜砍死。洛昂达孜夺取了王位。

直贡赞普的两个儿子夏赤和聂赤，逃到工布一带，他们的妹妹被洛昂达孜霸占为妾，他们的母亲被洛昂达孜逐放到雅隆雪山放牧。

松赞干布（617年~650年），也被译名为弃宗弄赞、器宗弄赞、弃苏农赞等。按藏族的传统，他是吐蕃王朝的第三十三任赞普，实际上是吐蕃王朝的立国之君。他的父亲朗日松赞，是一位很有作为的赞普。受父亲的影响，少年时代的松赞干布就已显现出非凡的才能。父亲被仇人毒害而死后，13岁的他即赞普位。

有一天，直贡赞普的妻子梦见雅拉香波山神化作一白衣人与自己交合，后来产下一子，叫如勒杰。如勒杰长大以后，巧妙地杀死了洛昂达孜。

如勒杰从波密迎请哥哥夏赤，重新担任雅隆部落的赞普，这就是雅隆部落第九代赞普布岱公杰。从此，雅隆部落一代比一代强盛，成为山南一带所有部落的盟主，为以后统治整个西藏打下了坚实的基础。

雅隆部落共传世三十三代，其中松赞干布是雅隆部落的最后一代首领，也是吐蕃王朝第一代赞普。

在松赞干布的爷爷达布聂西赞普的时代，雅隆悉补野部落已经基本上统一了雅鲁藏布江南岸地区，松赞干布的父亲朗日松赞继而把领地推进到了雅鲁藏布江的中下游地区。松赞干布就出生在雅鲁藏布江的支流，拉萨河上游的墨竹工卡的亚伦札对宫。

松赞干布建立了吐蕃奴隶制政权，势力日益强

■ 雅鲁藏布江源头

盛。他几次向大唐遣使请婚，唐太宗最终答应文成公主远嫁吐蕃。

■ 西藏雅鲁藏布江上的湿地

松赞干布按照唐朝的建筑式样和风格，在逻些玛布日山，即现在的布达拉山，专为文成公主修建了城池和宫室。

随着文成公主的入藏，内地平原地区诸如农具制造、纺织、缫丝、建筑、造纸、酿酒、制陶、碾磨、冶金等生产技术和历算、医药等科学知识，皆陆续传到了吐蕃，使当地人的衣、食、住方面发生了变化。

同样，吐蕃派遣青年到唐朝读书，吐蕃妇女流行的椎髻、赭面，以及吐蕃社会传统的马球游艺等，也传到了中原地区，为藏汉民族间的文化交流，增添了更加丰富多彩的内容。

从7世纪，佛教开始传入西藏，雅鲁藏布江流域寺庙林立，无论是在峡谷溪涧之旁，还是在深山野林

文成公主 （？～680年），唐朝皇室远枝，唐太宗宗室女，祖籍山东济宁，其父为江夏郡王李道宗。李道宗是唐高祖李渊的堂侄，因战功被封为任城王。文成公主聪慧美丽，自幼受家庭熏陶，学习文化，知书达理，并信仰佛教。640年，唐太宗将她从山东召至长安，封为文成公主，并在第二年将她远嫁到吐蕃。

之中，都可听到悠悠的古刹钟声。在众多的寺庙宫观中，布达拉宫与扎什伦布寺是最有代表性的，其他诸如桑耶寺、大昭寺、雍布拉康等寺庙，知名度也都很高。

雅鲁藏布江在我国名流大川中位居第五，流域面积24多平方千米，居全国第六，一般海拔3000米以上，是世界上最高的大河之一。

雅鲁藏布江从喜马拉雅山中段北坡冰雪山岭发源，自西向东奔流于号称"世界屋脊"的青藏高原南部，其上源为马泉河，进入印度后，称布拉马普特拉河。在孟加拉国与恒河相会后，改称贾木纳河，由孟加拉湾注入印度洋。

雅鲁藏布江的南面耸立着世界上最高、最年轻的喜马拉雅山，北面为冈底斯山和念青唐古拉山脉。南北之间为藏南谷地，藏语称之为"罗卡"，意为"南方"，谷地呈东西走向的宽阔低缓地带，雅鲁藏布江就静静地躺在这一谷地里。

雅鲁藏布江的中游横贯我国山南地区北部，留下了富饶丰腴的谷地和平原，是典型的高原河谷平原地区。河谷两侧山地的高处是牧场，腰部是森林，谷底及河口则是肥沃的农田。

奔腾的江河

■ 马泉河景观

汹涌的雅鲁藏布江

　　雅鲁藏布江的源流有3支：北支发源于冈底斯山脉，叫马容藏布；中支叫切马容冬，因常年水量较大，被认为是雅鲁藏布江的主要河源；南一支发源于喜马拉雅山脉，叫库比藏布，该支流每年夏季水量较大。

　　3条支流汇合后至里孜一段统称马泉河，但在扎东地区也有称该江为达布拉藏布，藏语"马河"之意，或叫马藏藏布，藏语为"母河"之意。拉孜地区叫羊确藏布。拉孜以西，雅鲁藏布江统称达卓喀布，藏语意为"从好马的嘴里流出来的水"。

　　曲水一带地方，藏语叫雅鲁，该江流至山南一带叫雅隆，因此，才称这条河流为雅隆藏布。但在曲水地区念作雅鲁，因为"鲁"的藏语确切语音称"隆"，意即"从曲水以上流经河谷平原的河流"，所以全段河流总称雅鲁藏布江。

　　雅鲁藏布江沿线，有着得天独厚的自然景观：奔腾的大江、激流的峡谷、倾泻的瀑布、晶莹的雪山、神秘的冰川、如镜的湖泊、茂密的森林和草甸，每一处都气势不凡，宏伟壮观。

　　雅鲁藏布大峡谷位于雅鲁藏布江的大拐弯处，是世界第一大峡

雅鲁藏布大峡谷

谷。由于高峰和峡谷咫尺为邻，几千米的强烈地形反差，构成了堪称世界第一的壮丽景观。

雅鲁藏布大峡谷是青藏高原上最大的水汽通道，受印度洋暖湿气流的影响，整个大峡谷地区异常湿润，布满了郁密的森林，形成了世界上生物最丰富的峡谷。

世代居住在排龙的门巴族是一个具有悠久历史却少为人知的民族，他们是随着雅鲁藏布大峡谷而逐渐为世人所知的。

沿川藏公路走不远，是一座钢索吊桥——排龙吊桥。从桥面到江面大约有30米，桥下江水吐着白色泡沫，发出隆隆巨响。

排龙到扎曲路上曾经有藤网桥，人过桥时要手脚并用，像踩在弹簧上一样，摇晃不定，难以平衡，人走到桥中时，桥的摇摆度可达好几米，经常有人从桥上掉下数十米的江流中。后来建成了钢索桥。

每当到了山体的急拐弯处，顺着山势延伸到这里的路形成了老虎嘴，这些老虎嘴宽只有1米左右，据说是当地的门巴人在峭壁上凿出来的。

在前往大峡谷的路上，有一些天然温泉，水质清澈，升腾着团团水雾。泉水中的矿物质使得附近的石头被熏成铁红色，成了一道很美的景观。

温泉紧挨着江岸是一片洁白的沙滩，沙滩与江水之间是一片开阔的圆石滩，布满形态各异的圆石块。洁净的沙滩温泉，跟凶险的江流形成强烈的对比。峡谷深至千米，江水滔滔翻滚、吼声如雷，蔚为壮观的瀑布高悬而下。

雅鲁藏布江从米林被迫折流北上后，绕过世界第十五座高峰南迦巴瓦峰作奇特的马蹄形回转，似蛟龙出山，以巨大的流量穿凿山体，形成平均深达5000米以上的气势宏伟的大峡谷，水流汇集在不足百米宽的峡谷中，白浪滔天，铺天盖地裹着巨石急速而下。

在那道举世闻名的马蹄形大拐弯中，叠套着80余个马蹄形小拐弯，自上而下镶嵌着一个接一个的小峡

蛟龙 蛟和龙是不同的生物，蛟龙是蛟和龙相交而成。虽然都有强大的力量，却一正一邪，有本质的不同。龙则是我国传说中的一种善变化、能兴云雨、利万物的神异动物，为众鳞虫之长、四灵之首。龙在神话中是海底世界的主宰，在民间是祥瑞的象征，在古时则是帝王统治的化身。

奔腾之美

南方河流

■ 排龙吊桥

谷。如此地貌奇观的峡谷、这样大的突然拐弯，在世界河流史上实属罕见。峡谷的深切、大山的雄奇、江水的涌动、浓绿的森林、高天的流云，尽收眼底。

扎曲村处在大峡谷的中心位置，距入口和出口恰好都是200多千米，峡谷和水流从这里开始由狭窄湍急变得宽阔平缓。

绒扎瀑布群位于距迫隆藏布汇入口约6000米的干流河床上，江面上浪花四溅，涛声轰鸣，彩虹时隐时现。"绒扎"在门巴语中的意思是峡谷之根。

秋古都龙瀑布位于跑迫隆藏布汇入口14.6千米的主干河床上，飞瀑从高山上直接泻入雅鲁藏布江，景象壮观。

藏布巴东瀑布实际为两个瀑布群。这里出现两处瀑布，分别高35米和33米，前者宽仅35米，为雅鲁藏布大峡谷中最大的河床瀑布。

在马泉河最大的支流柴曲，弯弯曲曲把无数晶莹夺目的小湖泊穿缀在一起，像锦绣缎带铺在一块一望无际犹如翠绿绒毡的草地上。

绒扎瀑布群

马泉河流域基本上是牧区，在帕羊以下的河谷两侧是由高蒿草组成的沼泽化草甸景观，可以说这里是最优良的冬春牧场。

在帕羊以上，沼泽化草甸由湿变干，渐趋消失，坦荡的谷地出现一片针茅草原景观，广泛分布着紫花针茅和蒿子，呈现一片黄绿色的景象。

碧蓝的哲古湖地处西藏山南地区措美县境内的哲古村，

湖水清澈，湖内生长着各种鱼类，湖面上鸟类聚集，湖四周是一望无际的广阔大草原和连绵起伏的雪山。

哲古湖正前方可以观赏洛扎县境内连绵起伏的雪山群，犹如巨龙起舞，与夕阳相映，十分壮观。后方是雄伟壮观的雅拉香布雪山。

哲古草原因哲古湖而得名，这里是一片水草丰美的天然牧场，有长满牧草和细碎小花的丘岗，有连绵起伏的巨大草场，还有碧波荡漾的湖，远处连绵净白的雪山、湖边成群神态悠闲的牛羊、不远处昂首观望的野生动物，融合在这蓝天白云之下。

羊卓雍湖意为"碧玉湖""天鹅池"，是西藏三大圣湖之一，位于雅鲁藏布江南岸，大约是杭州西湖的70倍，是喜马拉雅山北麓最大的内陆湖。羊湖汉口较多，像珊瑚枝一般，因此它在藏语中又被称为"上面的珊瑚湖"。

羊湖是高原堰塞湖，大约上亿年前因冰川泥石流堵塞河道而形成，与纳木错、玛旁雍措并称西藏三大圣湖，是喜马拉雅山北麓最大的内陆湖泊，湖光山色之美，冠绝藏南。

羊湖的形状很不规则，分汊多，湖岸曲折蜿蜒，并附有空姆错、沉错和纠错等小湖。历史上曾为外流湖，湖水流入雅鲁藏布江，但后来由于湖水退却，缩成为内流湖，并分为若干小湖。湖中岛上牧草肥

壮美羊湖

雕刻 对雕、刻、塑3种创制方法的总称。指用各种可塑、可雕、可刻的硬质材料创造出具有一定空间的具有可视、可触的艺术形象，借以反映社会生活，表达艺术家的审美感受、审美情感和审美理想的艺术。历史悠久、技艺精湛的各种雕塑工艺，如牙雕、玉雕、木雕、石雕、泥雕、面雕、竹刻、骨刻、刻砚等，是我国工艺美术中一项珍贵的艺术遗产。

美，野鸟成群。

卡若拉冰川是西藏三大大陆型冰川之一。壮丽多姿的冰塔林上，由于雪尘相间显示出各种云卷状的奇异褶曲，犹如能工巧匠精心雕刻的花纹图案。巨大的冰川在阳光的照耀下，犹如一幅巨型唐卡挂在山壁上，熠熠生辉。

雅鲁藏布江水量丰富，落差大而集中，水力资源十分丰富，仅次于长江，居我国第二位。

雅鲁藏布江流域的森林和野生动植物资源在我国名列前茅，常见的成林树种主要有松、杉、柏等。

主要的野生植物有药用植物、糖类和淀粉类植物、纤维植物、油脂植物、芳香油植物、鞣类植物6大类，其中以药用类最为丰富，达1000多种，有的畅销国内外。

野生动物兽类中的藏羚羊、野牦牛等系青藏高原珍稀动物，白唇鹿为我国特有的世界珍稀动物。鸟类有473个品种，其中西藏黑颈鹤为我国所特有。

鱼类共有64种，以鲤科的鱼类为最多。

雅鲁藏布江流域的森林资源非常丰富，在波密、察隅、珞瑜等地，海涛般的森林随着山峦起伏，还有濒危珍稀的红豆杉。

流域内有原始森林264.4万公顷，木材蓄积量8.84亿立方米。茫茫林海中，树龄200多年的云杉，有的高达80米，一棵树就可出60立方米的木材。

雅鲁藏布江畔有国家二级保护树种雅江巨柏，木质坚硬，性喜沿水线生长，生长期较长，少则几百年，多则上千年上万年，它以顽强的生命力深深扎根于沙石之中。其形态各异，或弯或直，或倾或卧，似巨大的毛笔倒写着天上文章，为世人展示其千年沧桑。

雅鲁藏布江流域有高等植物2000多种，含木本植物100多种、药用植物和真菌植物165种，其中有虫草、灵芝、猴头、天麻、雪莲、红景天、贝母、松茸等，可以说是一座天然的高原植物宝库。

唐卡 也叫唐嘎、唐喀，指用彩缎装裱后悬挂供奉的宗教卷轴画。唐卡是藏族文化中一种独具特色的绘画艺术形式，题材内容涉及藏族的历史、政治、文化和社会生活等诸多领域，堪称藏民族的百科全书。传世唐卡大都是藏传佛教本作品。

065

奔腾之美

南方河流

■ 雅鲁藏布江风光

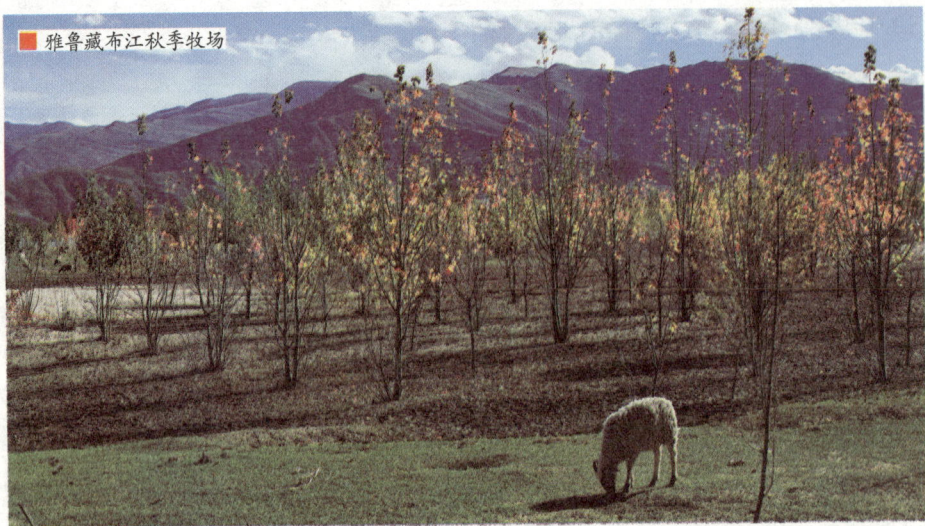
■ 雅鲁藏布江秋季牧场

流域内的矿产资源丰富，有90多种，矿产地2000余处，其中铬、铁、铜、锂、硼等11种储量居全国前列，已探明有储量丰富的油气田，可望成为我国重要的能源基地。

雅鲁藏布江流域地热显示的种类繁多，有水热爆炸、高原沸泉、地热蒸汽、沸泥泉、热水河等。而最为壮丽的，当数雅鲁藏布江边的间歇喷泉了。

阅读链接

雅鲁藏布江上游有一个名叫塔各加的地方。这里热区水温高达86℃的沸泉口有近百个，其中有4处间歇期不同、喷发形式各异的间歇喷泉。

每次喷发之前，泉口的水位缓缓上升，随着一阵巨大的吼声，高温汽水流突然冲出泉口，腾空而起，形成直径2米左右的汽水柱，无风时，水柱顶部汽柱可高达四五十米。

喷发时间长的有10多分钟，然后渐渐回落。刚平静下来，猛地，水流又一次冲出泉口，呼啸而出。这样反复数次，直到最后完全停止。间接喷泉的猝然喷发，激动人心的声势，喷发和休止的交替变幻，蔚为奇观。

西南天险激流的怒江

很久以前，在西南有一片广阔的草原，草原上有一个英俊骁勇的藏族青年，名叫扎西平措，他能驯服最烈性的野马。

扎西平措总是骑着他的飞龙驹驰骋在广阔的大草原。每当他吹着

云南怒江第一湾

■ 怒江源头

笛 一种吹管乐
器。我国笛子
历史悠久，可以
追溯到新石器时
代。那时先辈们
点燃篝火，架起
猎物，围绕捕获
的猎物边进食边
欢腾歌舞，并且
利用飞禽胫骨钻
孔吹之，当时，
该物品最重要的
用途是用其吹出
来的声音诱捕猎
物和传递信号，
这就是出土于我
国最古老的乐
器——骨笛。

心爱的牧笛，藏家的姑娘和小伙儿都会不由自主地陶醉，忘记了所有的辛苦和疲劳。

这其中，就有美丽的姑娘玉琼梅朵。玉琼梅朵和扎西平措从小一起长大，一起喝着马奶酒与酥油茶，一起在草原上放牧和嬉戏，在村民们眼中，他们是天造地设的一对。

随着年龄的增长，玉琼梅朵由天真可爱的小女孩长成了亭亭玉立的少女，红扑扑的脸蛋就像是夏日浓情的晚霞，明亮的双眼就像是天山的明月，声音有如寺庙门前悬挂的风铃。

扎西平措深爱着玉琼梅朵，他们常常依偎着坐在像白雪一样的羊群边，扎西吹奏着笛子，梅朵轻声哼唱，广阔的草原就像绿色的海洋将他俩包围，一切是那么的幸福祥和。

为了做扎西的新娘，梅朵为自己准备了丰厚的嫁妆，其中就有一条她花了三年零三个月织就的氆氇，那上面织的是雪白的羊群和毡房，还有一家三口幸福的笑脸，这包含了梅朵对未来美好的憧憬和期盼。

每当织这条氆氇的时候，梅朵总是幻想着扎西骑着飞龙驹，带着他的一大帮兄弟热热闹闹来迎娶自己的场景，脸上不由自主泛起羞涩的笑容。经过三年零三个月的时间，氆氇终于织就了，梅朵迫不及待地想把这条饱含着心声和期盼的氆氇送到扎西的手中。

就在这时，意想不到的事发生了，天忽然暗了下来，一阵猛烈的狂风向梅朵刮了过来，梅朵手中的氆氇被狂风刮了出去，一阵阴森的笑声从天空中传来，原来是雪山上的恶魔。

梅朵看着自己辛辛苦苦织就的氆氇被旋风越刮越远，心里又气又急又怕。

扎西听到了梅朵的呼救声，跳上飞龙驹朝梅朵呼喊的方向急驰而去。扎西的飞龙驹很快就到了旋风的跟前，扎西的头发被吹得凌乱，眼睛被风中细沙扎得刺痛，但扎西已经顾不了那么多，他一把拉住氆

壮观的怒江

哈达 类似于古代汉族的礼帛。蒙古族人和藏族人表示敬意和祝贺用的长条丝巾或纱巾，多为白色、蓝色，也有黄色。此外，还有五彩的哈达，颜色为蓝、白、黄、绿、红。蓝色表示蓝天，白色是白云，绿色是江河水，红色是空间护法神，黄色象征大地。五彩哈达是献给菩萨和近亲时做彩箭用的，只在特定的情况下才用。

■ 两岸连山的怒江

毯，恶魔在另一头也死命地拉着不放，于是，一条毯毯在他们手中被拉来拉去。

风越来越大，天色暗得像一片浓墨。可是，不管怎样，扎西都不松开他的双手。恶魔变得急不可耐，掏出一把大刀朝毯毯砍去，"咔啦"一声，毯毯顿时被割成了两截，扎西狠狠地从飞龙驹上飞了出去。

他身上的哈达飘落，越变越宽，越变越长，忽然间就变化成一条大江，横在了他的身前。

过了很久，扎西才慢慢地睁开了眼睛。狂风不知何时已经停了，那半条毯毯还在扎西手上，当他从草地上爬起来，却被眼前的景象给惊呆了，一条壮阔的大江横在了他的面前！

他四处张望，却不见了梅朵的影子，他着急了，他不知到底发生了什么事情。他焦急而愤怒，他担

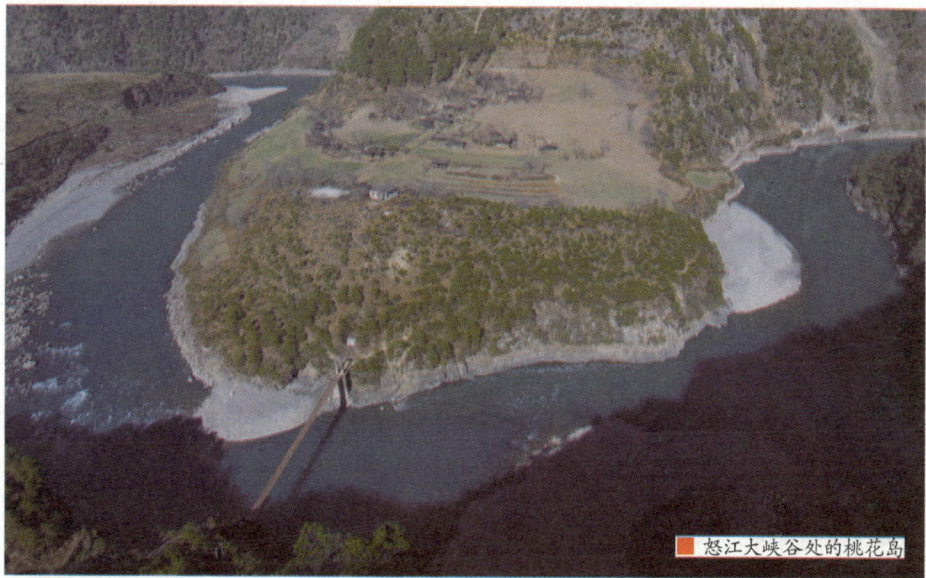
怒江大峡谷处的桃花岛

心梅朵是不是被狂风给刮走了，他大声地喊着梅朵的名字："玉琼梅朵！玉琼梅朵！"

可是，任凭他怎么呼喊，都只有奔腾的江水在他耳边呼啸……扎西喊了几千遍几万遍，嗓子哑了，喉咙干了，他一遍一遍地呼喊，不停地流泪……七天七夜过去了，扎西滴水未进，扎西的眼泪汇聚成河流，流进了大江里，江水越来越磅礴了……

终于，在第七天的时候，梅朵出现了。可是，她却出现在了江的那头。她匍匐在地上，红着双眼，遥望着扎西，涩着嗓子在喊："扎西平措，扎西平措，扎西平措……"

扎西遥望着心爱的人，他流干了最后一滴眼泪，最终露出了欣慰的笑容，慢慢地，慢慢地倒了下去……一条大江隔断了所有的爱恋……

扎西和梅朵最终都笑了，因为他们在生命的最后一刻见到了自己心爱的人，他们死后在大江的两岸化成了两座大山，隔江遥望。扎西的飞龙驹一直在守候着主人，最后也化成了一座石山。而这条隔断两个生死相依的恋人的大江，被人们称为怒江。

怒江是我国西南地区的大河之一，因怒族居住两岸而得名，又称潞江。又因江水深黑，我国最早的地理著作《禹贡》把它称为"黑水河"，傈僳语称怒江为"怒民刮"，即怒族人在的地方。

怒族是怒江峡谷最古老的土著民族之一。怒族把怒江称为"阿怒日美"，"阿怒"是怒族人的自称，"日美"就是"江"，意为怒族人居住区域的江。

在2400多年前的战国时期，以保山为中心的怒江区域，曾崛起过一个支系庞杂的族群"哀牢夷"，创立了存续数百年之久的哀牢政权和独具特色的"哀牢文化"。

两汉时期，随着中原王朝开疆拓土，哀牢王柳貌内附，永昌郡设立，中原文化迅速注入。此后，怒江一直在中央集权的管辖之内。唐朝时，怒江流域被南诏国纳入版图，怒江岸边的兰坪、碧江、福贡、贡山

寻阁劝 又名新觉劝。他是南诏第四代国王，808—809年在位。谥号孝惠王。寻阁劝自称骠信，骠信在南诏是"国王"的意思，所以他的诗作往往被称为"南诏骠信"所作。

《禹贡》 《尚书》中的一篇。是战国时魏国的人士托名大禹的著作，因而就以《禹贡》命名。内容是撰稿者设想在当时诸侯称雄的局面统一之后所提出的治理国家的方案。

■ 怒江上的溜索

■ 怒江上的吊桥

等地属剑川节度；泸水属永昌节度。

南诏受中原文化影响十分深刻，出过南诏骠信、杨奇鲲等很多著名的诗人。下面这首《星回节游避风台与清平官赋》为南诏骠信寻阁劝所作：

避风善阐台，极目见藤越。

悲哉古与今，依然烟与月。

自我居震旦，翊卫类夔契。

伊昔颈皇运，艰难仰忠烈。

不觉岁云暮，感极星回节。

元昶同一心，子孙堪贻厥。

宋朝时，也就是云南大理国时期，兰坪设兰溪郡，属谋统府，碧江、福贡、贡山属兰溪郡，泸水属胜乡郡。

中原 为中华民族、中华文明、中原文化的发源地，万里母亲河黄河两岸，千里太行山脉、千里伏牛山脉东麓，在古代被华夏民族视为天下中心。广义的中原是以中原洛阳、开封、商丘、安阳、郑州、南阳、许昌七大古都群为中心，辐射黄河中下游的广大平原地区。狭义的中原即指天地之中、中州河南。

南宋著名诗人程公许的长诗《泸水清》，记述了当时怒江两岸的民族关系：

泸水清，泸水之清如镜平。
蜀江西来流沄沄，内江昏命如逡巡。
两江合处耸百雉，表里益梓巴夔分，如户有限齿有唇。
云南与夜郎，甫隔东西邻。
山川之险守在人，武侯气焰千古犹长存。
有来范侯人中英，蜀国忠文之子孙，清姿劲气排秋旻。
立朝物望高缙绅，睥睨众醉某独醒。
乌台纵好羞呈身，十年江海心朝廷。

……

泸水在明末清初推行土司制。清康熙时，实行改土归流，设兰州知州。

■ 高黎贡山

■ 怒江老虎跳

怒江两岸居住着傈僳族、独龙族、怒族、普米族、白族、藏族、汉族等22个民族，其中世代居住本地民族为傈僳族、怒族、独龙族、藏族、白族、普米族。这些民族有着各具特色的生活、服饰、饮食和文化习俗。

雪山林海、急流飞瀑、岩峰峡谷、汩汩温泉、座座溶洞、高山湖泊，配之以傈僳族传统的对歌、澡塘会、刀杆节，充满神话色彩的怒族鲜花节和带有浓厚的原始宗教色彩的独龙族剽牛祭天活动，以及各民族的婚姻习俗、衣食住行、丧葬礼仪、祭祀活动、图腾崇拜等丰富多彩的民族风情，更是给怒江大峡谷增添了不少情趣。

怒江岸边的保山市，原名哀牢，后因秦时吕不韦后裔迁居保山金鸡，改名不韦。自东汉以后，始称永

祭祀 是华夏礼典的一部分，更是儒教礼仪中最重要的部分，礼有五经，莫重于祭，是以事神致福。祭祀的对象分为三类——天神、地祇、人鬼。天神称祀，地祇称祭，宗庙称享。祭祀的法则详细记载于《周礼》《礼记》中，并有《礼记正义》《大学衍义补》等经书进行解释。

■ 怒江石月亮

昌。明嘉靖年间以后更名为保山。

怒江上游为那曲河，发源于青藏高原的唐古拉山南麓的吉热拍格。它深入青藏高原内部，由怒江第一湾西北向东南斜贯西藏东部的平浅谷地，入云南折向南流，经怒江傈僳族自治州、保山市和德宏傣族景颇族自治州，流入缅甸后，改称萨尔温江，最后注入印度洋的安达曼海。

怒江在西藏嘉玉桥流入他念他翁山和伯舒拉岭之间的峡谷中时才正式叫怒江，嘉玉桥至云南泸水县为怒江的中游。

进入云南境内以后，怒江奔流在碧罗雪山与高黎贡山之间，西岸高黎贡山的峡谷高差达5000米，东岸碧罗雪山的峡谷高差达4000米，山谷幽深，危崖耸立，水流在谷底咆哮怒吼，故称"怒江"。云南省泸水县以下为下游，河谷较为开阔。

怒江大峡谷全长316千米，两岸山岭海拔均在3000米以上，因它落差大，水急滩高，有"一滩接一滩，一滩高十丈"的说法，十分壮观。两岸多危崖，又有"水无不怒谷，山有欲飞峰"之称，每年平均以1.6倍黄河的水量像骏马般地奔腾向南。

纳瓦底至大兴地之间，有一段傈僳族语称为"腊玛登培"，意思是"老虎跳"。峡谷两岸距离最窄处只有10米。江边怪石嶙峋，有一块黑色巨石稳立江心，虽常受激流冲撞，却傲然不动。

怒江大峡谷山高、谷深、水急，两岸白花飘香，山腰原始森林郁郁葱葱，冬春两季冰雪覆盖，景色如画。福贡石月亮是谷中的一大奇景，在海拔约3000米的高黎贡山顶，通着一个百米见方的圆形大窟窿，在莽莽苍苍的山顶上，透过洞口窥望西边的明亮天空，宛如一轮明月。这个"明月"，当地人民称为"亚哈巴"。

腊乌岩瀑布泉水从高山悬岩中涌出急流，到坚硬的腊乌岩顶端，泉水突然飞流直下，形成神奇飞瀑。从远处望去，仿佛一条长长的白云彩带从天而降，飘

傈僳族 我国少数民族之一，发源于青藏高原北部，为氐羌族后裔，即藏缅语族的一支。最早生活在四川、云南交界的金沙江流域一带，后逐步迁到滇西怒江地区定居下来。是云南特有民族，主要聚居在云南省怒江傈僳族自治州和维西傈僳族自治县。

■ 怒江"亚哈巴"

浮在郁郁大地上，光彩夺目，十分壮观。

怒江流经云南贡山县丙中洛乡日丹村附近，由于王箐大悬岩绝壁的阻隔，江水的流向从由北向南改为由东向西，流出300余米后，又被丹拉大山挡住去路，只好再次调头由西向东急转，在这里形成了一个半圆形大湾，为怒江第一湾。

湾中心有一个村子叫坎桶村，这里江面海拔约1700米，气势磅礴，湾上怒江台地平坦开阔，高出怒江500米，构成三面环水的半岛状小平原，四周景物宜人，堪称峡谷桃源。

丙中洛自然环境奇特、壮观，特殊的地理环境使丙中洛靠南边的地方有一天两次日出日落的奇妙景观。

冬至上午，太阳从碧罗雪山缓缓而出，太阳在狭长的天空行走不到两个小时，就匆匆地落入矗立在丙中洛西南角的贡当神山背后，时隔半个小时，太阳又一次从贡当神山背后露出万道霞光，半个小时后才落入高黎贡山的背后。

在丙中落台地北端，是一路夹江而行的高黎贡山和碧罗雪山，两

怒江石门关

座绝壁从江边垂直而起，直冲云天，形成一道500多米高、近200米宽的巨大石门，怒江从石门中喷涌而出，奔泻而下，当地人称它为南礼墙，又根据地形地貌，取了个很形象的名字——石门关。

石门关不仅雄伟壮丽，粗犷凝重，据说从前两岸居民往来，必须等到怒江水退潮时从沙滩走过，因为两岸的峭壁根本无法立足，也无法固定溜索。一到水涨，淹没了沙滩，路断难行，就是猴子、岩羊也过不了石门关。

怒江之上，还有许多雄关要隘，著名的雄关有南部的腊早崖，福贡的腊乌崖、腊竹底崖，泸水的亚碧罗石峡等，都是奇峰异石，壁立千仞，直插江心。

沿江飞流瀑布，急流险滩，到处可见，有福贡的腊乌崖瀑布，泸水的登埂河滴水崖，赖茂滴水崖，独龙江马库"哈巴统称"等。急流险滩，有万马滩、尖山滩、阎王滩、响石滩等。在碧罗雪山和高黎山山顶，还有大大小小的高山湖泊。

■ 茶马古道是指存在于我国西南地区、以马帮为主要交通工具的民间国际商贸通道，是西南民族经济文化交流的走廊，茶马古道是一个非常特殊的地域称谓，是一条世界上自然风光最壮观、文化最神秘的线路，蕴藏着开发不尽的文化遗产。

阎王 是民间传说中阴间主宰，掌管人的生死和轮回。在我国古代的民间信仰里面，人死后要去阴间报到，接受阎王的审判。我国古代原本没有关于阎王的观念，自从佛教传入我国后，阎王作为地狱主神的信仰才开始在中国流行开来。

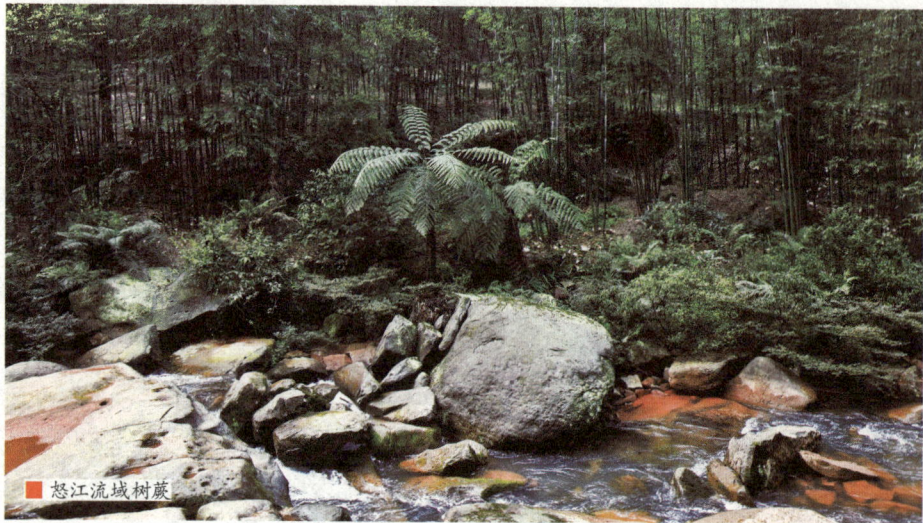
■ 怒江流域树蕨

　　怒江就像两山之间一条长长的带子，路在江边，山在路旁，著名的茶马古道有一条"滇缅印古道"便从这里经过。

　　这是史书记载时间最早的一条古道，从四川西昌经云南丽江、大理到保山，由腾冲进入缅甸，再进入印度等国家。

　　后来，茶马古道已基本失去交通价值，唯有丙中洛长期存在，通往藏东南地区的马帮队仍在古道上穿行。这条活着的茶马古道，始于丙中洛，沿峡谷溯怒江北上，通往西藏林芝地区察隅县察瓦龙乡政府所在地扎那，全长70千米。

　　这条路既是滇藏古驿道，也是后来察瓦龙沟通外界唯一常年通行无阻的道路，该乡物资进出主要依靠此路。沿途经石门关、那恰洛峡谷等景点，蹄印斑驳，马蹄声声，空谷传响，古意盎然。

　　从泸水县出发到听命湖，要攀越陡峭的山谷，穿过茫茫林海和高山灌木林，道路崎岖。听命湖清碧透明，水深莫测，凛冽如冰，四周森林密布。湖区的景色随着四季的变化而不同。

　　听命湖笼罩着神秘的色彩。人们到这里只能轻声细语地说话，如果大声叫喊，顷刻间便会风雨交加，冰雹突然而至，因此人们又把它称作迷人湖。这都是湖区上空弥漫着饱和水分的浓雾，遇到声波震动，就凝聚成雨和冰雹的缘故。

怒江上游除高大雪峰外，山势平缓，河谷平浅，湖沼广布，中游处横断山区，山高谷深，水流湍急。两岸支流大多垂直入江，干支流构成羽状水系。水量以雨水补给为主，大部分集中在夏季，多年变化不大，水力资源丰富。

河谷地区温和多雨，富水力和林矿资源。怒江两岸森林资源丰富，是云南省森林覆盖率比较高、原始森林面积比较多的地区。其中珍稀林木的蓄积量更为可观，有秃杉、珙桐、三尖杉、楠木、紫檀、香樟、乔松等，经济林木如漆树、油桐等。

怒江大峡谷内素有"十里不同天，万物在一山"之说。立体气候产生的主体植被、珍稀动植物、名花异卉、稀世药材成片成林，树蕨、秃杉、落叶松、杜鹃、兰花点缀着峡谷胜景的自然美。

这些珍稀的植物中，被列为国家一级保护植物的有树蕨、秃杉、珙桐等；国家二级保护植物的有三尖杉、清水树等；国家三级保护植物的有天麻、一枝蒿等20多种。还有珍稀保护动物孟加拉虎、灰腹角雉、热羚、红岩羊、金丝猴、叶猴、小熊猫、齿蟾等。

阅读链接

怒江两岸，有很多独特而珍稀的丰富物种。福贡县的腊竹底和独龙江的马库，有一种树，当地群众称它"斯叶黑"，意思是能出面粉的树。

"斯叶黑"一般生长在阴凉的深箐里，树高可达十几米，宽1米左右，长3米多，与芭蕉叶十分相似。"斯叶黑"含有大量淀粉。七八月份是其淀粉成熟的最佳时期。

"斯叶黑"面粉可以烙粑粑或用香油煎食。松软适度，味美可口。还可以用开水加糖搅拌冲食，味鲜适度，真可算是山珍中的一绝了。斯叶黑面不仅能食用，据说曾解救过前人的饥馑，还是止泻的上品良药。

百里画廊的天险乌江

很久以前，高原上有条小溪穿过最长的峡谷夹石峡后，成了一条大河。大河两岸山清水秀，风调雨顺，没有战争，居住在这里的土家人民过着美满幸福的生活。

美丽的乌江

一天，玉皇大帝在南天门游玩，见到这里的生活赛过天堂，恼羞成怒，降下旨意，用洪水淹没大地，摧毁人间家园。

顷刻之间，电闪雷鸣，大雨倾盆，连续七天七夜，江河猛涨不止，村庄被淹没了，房屋被冲走了，大地一片汪洋。

土家首领带领部族，攀登到河边最高的一座山峰珠瑙岩上，焚香祈拜，洪水才渐渐退去。

但是河两岸的鲜花没有了，村庄没有了，房屋也没有了，只剩下大河西岸的一棵乌阳树。它的根被洪水冲刷得全裸露在地面，但它一直坚韧顽强地生长，据说有1000多年了，它就是千年乌阳树。

乌阳树的精神激励土家人在最艰难的环境中生存繁衍，人们敬畏它，把它身边的这条河叫作乌江。

乌江又称黔江。古称内江水、涪陵水、延水等，在彝语中被称为"青色的大河"。元代首次被称为乌江。乌江沿河古称"务川"。

务川有个古老的民族仡佬族，仡佬族是世界上最早发现和使用朱砂的民族。

大约在新旧石器时代，务川一个叫巫信的青年和几个人出去打猎，追杀一头野兽，因野兽反扑过来，巫信在逃跑中摔在一红水坑里，爬起来后，那野兽一见他，马上慌不择路，竟从岩上摔下去死了。

巫信从这件事中悟出抹红脸吓野兽的作用。务川是世界上最早的朱砂产地，早在夏、商时就批量生产，并开始向朝廷进贡。

距发现朱砂4000多年后的商代太戊时期，务川一个叫鬼注的青年抱柴在屋中烧火，因柴多火猛，怕烧了房子，

炼丹术 古代炼制丹药的一种传统技术，是近代化学的先驱。我国炼丹术的发明源自古代神话传说中的长生不老的观念。最早热衷于炼丹术的是西汉的淮南王刘安，他在他的宫中召致方士千余人修炼金丹和表演特异功能。

083

奔腾之美

南方河流

■ 乌江沿岸风光

奔腾的江河

■乌江晚霞

方士　是尊崇神仙思想而推奉方术之士。《史记·秦始皇记》："方士欲炼以求奇药。"方士的出现不晚于周，至秦汉大盛，并逐渐形成了专门的方士集团，即所谓方仙道或神仙家。又以所主方术不同而有行气吐纳、服食仙药、祠灶炼金、召神劾鬼等不同派别。神仙思想及其方术，成为后世道教的核心内容与精神支柱。

情急之下，他就把堆在房中的朱砂石放在柴火上压火势，烧后发现水银，因大人孩子误食水银治好了身上的疮毒而知水银的运用。

因此，仡佬族是世界上最早的化学先驱，在商代就懂得了"炼丹术"。秦朝时就有大量的方士术士到这里炼"长生不老丹"。

春秋时期，这里属于巴国，巴人在乌江两岸的峡谷绝壁上，沿着江水刻出一条狭长的纤道，远远望去，犹如一条长龙走过留下的深深足迹。

纤道约有一人高，宽可容两三人并肩行走，是当时乌江流域大山的主要交通道路。

战国期间，乌江流域属于楚国，秦朝时归入郡县。秦末，西楚霸王项羽兵败垓下，因为无颜见父老乡亲，自刎乌江。从此，乌江在我国古诗词中作为励志典型而反复出现。

唐代建中元年，茶圣陆羽在《茶经·八之出》中提到"都濡高楼茶"时说"其味甚佳"。这就是著名的务川大树茶，这种茶又名高树茶、都濡高楼茶、务川乌龙大叶茶、都濡月兔茶，香味馥郁浓烈，自古以来就被誉为茶中珍品。

从北宋开始，务川大树茶就作为贡茶名扬天下。北宋诗人、书法家黄庭坚写下了贵州最早的茶诗《阮郎归》：

> 黔中桃李可寻芳，摘茶人自忙。
> 月团犀腌斗园方，研膏入焙香。
> 青箬裹，绛纱囊，品高闻外江。
> 酒阑传碗舞红裳，都濡春味长。

明初，乌江之畔出了一位著名的彝族女英雄叫奢香，她的丈夫彝族默部水西君长去世后，她便代行夫职，摄贵州宣慰使。

奢香曾进京向朱元璋和马皇后陈述当地部落和封

085
奔腾之美
南方河流

书法 文中特指中国书法。中国书法是一门古老的汉字的书写艺术，是一种很独特的视觉艺术。书法是我国特有的艺术，从甲骨文开始，便形成有书法艺术，所以书法也代表了我国文化博大精深和民族文化的永恒魅力。

马皇后（1332年～1382年），明太祖朱元璋皇后。一代贤后。她敢于在明太祖施行暴政时进行劝谏，保全了许多忠臣良将的性命。她善待后宫嫔妃，不为娘家谋私利，开创了明朝后宫和外戚不干政的风气。

■ 乌江春色

■ 乌江沿岸古镇

疆大吏的矛盾，获得了朱元璋的支持。奢香返回后修筑贵州驿道，沟通中原与西南，历史上著名的龙场九驿，就直与云南联通。

奢香病逝后，明王朝遣使臣前往祭拜，并加谥奢香为"大明顺德夫人"，表彰她为维护民族团结和祖国版图完整所立下的丰功伟绩。

乌江边上有黑神庙，是为了纪念五代南唐时名将赫齐云（一说南霁云）。这个人面黑，他的塑像就称为黑面神，后改为黑神庙。清嘉庆朝礼部尚书李宗昉专门做了一副黑神庙上联：

省曰黔省，江曰乌江，神曰黑神。缘何地近南天，却占了北方正色？

贵州简称黔，"黔"有"黑色"的意思。贵州在南方，正色为赤，北方的正色是黑色。联中同写黑色，自然地用了"黔""乌""黑"

等不同的字。由省、江写到庙，是由大到小的排序。此联难倒不少文人墨客，多年过去，无人能对出下联。

乌江的支流长溪河畔的彭水朗溪乡竹板桥村，家家户户从事土法舀纸，早在唐宋时期，彭水人就学会了土法造纸，到清末民初，县内磨寨、庞溪、楼房、芦渡沟、竹板桥等地生产草纸已具规模，产品质量好，深受欢迎。

乌江自古以来为川黔航运要道，是长江上游右岸最大支流河。它发源于贵州省乌蒙山，流经重庆市的酉阳、彭水、武隆、涪陵汇入长江，全长1000多千米，流域面积8.7万平方千米。六冲河汇口以上为上游，汇口至思南为中游，思南以下为下游。

乌江较大支流有六冲河、猫跳河、湘江、清水江、洪渡河、芙蓉江、濯河、郁江、大溪河等，还有数百条溪沟涧川汇入，呈羽状分布，流域地势西南

墨客 指诗人、作家等风雅的文人。汉时扬雄《长杨赋》称："言未卒，墨客降席，再拜稽首。"《长杨赋序》谓："聊因笔墨之成文章，故藉翰林以为主人，子墨为客卿以风。"赋中称客为"墨客"，后遂为文人之别称。

■ 横跨乌江的大桥

乌江古镇风光

高，东北低，流域内喀斯特地貌发育。

乌江地形以高原、山原、中山及低山丘陵为主。由于地势高差大，切割强，自然景观垂直变化明显，以流急、滩多、谷狭而闻名于世，号称"天险"。

乌江流域横跨贵州、云南、重庆、湖北四省市，居住着汉族、苗族、布依族、土家族、壮族、侗族、彝族、瑶族、仡佬族等10个民族。

乌江水能蕴藏丰富，全流域水能蕴藏量1000多万千瓦，鱼类资源丰富，其中有后来成为国家一级保护动物的中华鲟，还有比较珍贵的胭脂鱼等乌江特种鱼类。

乌江流域矿产资源丰富，品种多，品位高，储量大，其中铝、磷、锰矿保有储量分别占全国的18%、19%、11%，其他煤、硅石、铁、铅、锌、锑等矿产也很丰富。

乌江风光迷人，景色秀丽，最为精彩的部分为彭水高谷至酉阳万木，全长120千米，被誉为"百里乌江画廊"。

这里具有石奇、滩险、峰秀的特点。船行其中，可见峭壁争耸，形势险绝如锁截江门，水碧山青，漕窄湍激，老街古宅，蓝天白云，仿佛在画中穿行。

从高谷镇至善感乡，依次有高谷门闩峡、汉葭罗家沱峡、县坝温泉、摩围群峰、磨寨峡、马峰峡、万足新场镇、庞滩峡、龙门峡等景观。清代诗人翁若梅曾留下"蜀中山水奇，应推此第一"的名句。

鞍子乡内群山绵延，溪河纵横，田肥土沃，气候宜人，物产丰富。小桥岭、大山林木葱茏，植被茂密，水源充足，为诸佛江支流跳磴河的发源地。西北部跌宕起伏，峰峦叠嶂，中部多小丘、坝子和沟谷，风光旖旎。

彭水县是苗族聚居最多、苗寨保存最完整、苗俗习惯最浓郁的山乡。鞍子乡苗族风情园，是镶嵌在乌江画廊风景区众多旅游景点之中的一颗璀璨明珠。

长溪河峡谷是"乌江画廊"上独一无二的、最具特色的"亮点"。长溪河峡谷长20千米，折折叠叠，两岸对峙，高壁森森。岸高百丈，青山绿水，人在其间宛若隔世。绵延崖畔石笋钟乳，形态各异，妙不可言。其主要特色在于奇、秀、幽、险。

奇——庞大的牛麻藤群落与珍贵的红豆杉相依为伴，高大的桂花树，直指蓝天。谷内奇花异草丛生，名贵中草药俯拾皆是。崖壁翠竹丛生，奇枝摇曳。

乌江风光

牛心山

秀——绵延15千米的竹海，青翠欲滴，绿浪翻滚。40千米长河，溪流潺潺，清澈见底，鱼鳞点点。野鸭戏水，百鸟闹林，岩燕翻飞，彩蝶翩翩。绿潭如镜，水映山色，色彩缤纷。高崖飞瀑直挂，银珠落盘。

幽——20千米峡谷，人迹罕至，七里塘、儿塘河深潭长长，静可落针。长长的大峡谷内，岸高百丈，青山绿水，宛如仙境。

险——牛心山直立300余米。岸边高壁，刀斩斧削，鸟迹难达。穿石峡谷，巨石当道，水穿石破，飞花四溅，吼声如雷。隔鱼洞险滩，乱石横空。新滩直落数丈，石锁江心，飞流直下，壮如黄河壶口。

阅读链接

乌江河畔白马山北麓有一座道师崖，山腰上有一座高40余米的石峰，酷似一个亭亭玉立的女子，顶端是高翘的"云髻"，身段婀娜多姿，这就是乌江流域中有名的"望夫石"。

据说大禹来乌江治水，招募壮士去开河，其中有个白马山白果坪姓黄的年轻人，新婚才3个月。黄家媳妇孝敬公婆、料理家务，一直等到30年后大禹疏通乌江河道。

黄家媳妇站在道师崖旁等着日思夜想的丈夫回家，谁知丈夫在回家路上走到碑垭城门洞时，知道有一条孽龙经常兴风作浪，决定留下来与当地的乡亲凿出一条水道，让洪水排到乌江，在与孽龙搏斗的过程中，他献出了生命。

黄家媳妇闻讯痛哭不已，后来变成了道师崖上的一座石峰，永远望着夫君回家的方向。